O HOMEM ATUAL

Coleção Teorya?!?!Pratika?!?!
Vol. 6

Dados Internacionais de Catalogação
na Publicação (CIP)
(Câmara Brasileira do Livro, SP, Brasil)

Deitos, Fátima
 O homem atual / Fátima Deitos. — São Paulo :
Ícone, 2004. — (Coleção teorya?!?! pratika?!?! ;
v. 6)

 ISBN 85-274-0793-0

 1. Homens - Comportamento sexual 2. Homens -
Conduta de vida 3. Homens - Psicologia
4. Masculinidade (Psicologia) I. Título.
II. Série.

04-4292 CDD-155.632

Índices para catálogo sistemático:

1. Homens : Comportamento : Psicologia 155.632
2. Homens : Psicologia   155.632

Fátima Deitos

O HOMEM ATUAL

Coleção Teorya?!?!Pratika?!?!
Vol. 6

© Copyright 2004.
Ícone Editora Ltda.

Capa, Projeto Gráfico e Diagramação
Danclar Rossato

Revisão
Rosa Maria Cury Cardoso

Proibida a reprodução total ou parcial desta obra,
de qualquer forma ou meio eletrônico, mecânico,
inclusive e através de processos xerográficos,
sem permissão expressa do editor
(Lei nº 9.610/98).

Todos os direitos reservados pela
ÍCONE EDITORA LTDA.
Rua Lopes de Oliveira, 138 – 01152-010
com Rua Camerino, 26 – 01153-030
Barra Funda – São Paulo – SP
Tel./Fax: (11) 3666-3095
www.iconelivraria.com.br
editora@editoraicone.com.br
edicone@bol.com.br

Sumário

Prefácio 9

Introdução 15

Quadro da capa 23

Homem?? Que bicho é esse??? 49

Homens!!! Por último! 67

A Comédia Humana 77

O que eles acham deles mesmos!!! 93

Homossexual 109

Meus homens inesquecíveis 125

Impotência × Viagra 133

Heróis × Heroínas 145

Homem atual??? 151

Meus comentários não finais... 175

    Meu avô, meu pai, meu filho... 175

Currículo 181

FIGURAS DO LIVRO

Retiradas da Obra:

Mestres da Pintura, DELACROIX, Abril Cutural, 1967.

Enciclopédia Abril, Vol. 1, 1976

Jaguar que ataca cavalo e cavaleiro (1850)

  Museu Nacional de Praga. Nesta tela o dinamismo e a violência estão expressos no ritmo da ação: o jaguar se contorce, o cavalo se empina e o cavaleiro golpeia a fera com sua espada.

PREFÁCIO

ROMANCE DO GAÚCHO INSANO

Já tive gados e campos,
Todo um tesouro nas arcas,
Tive um brasão, como marca,
Tudo perdido, no entanto.
O tempo leva os encantos
E não devolve mais nada,
Ficou-me apenas a estrada
Que é minha, embora de tantos!

Mas o passado, iludido,
Faz transcender o aramado,
E me devolve o reinado
Que eu já contava perdido;
E o coração, incontido,
Tem, na ilusão da velhice,
A força da meninice
Que já perdeu o sentido...

Mas quando lembro do passado,
Visto de novo a bombacha
E o meu olhar não se acha
Como ficou, embretado.
De novo monto o gateado
Que já se foi, nos serenos,
Pro céu dos cavalos buenos
Que foram desencilhados!

Refaço os mesmos peçuelos
E, ainda assim, campereio,
Tendo prata nos arreios
E o luto dos meus cabelos;
Reconheço o meu sinuelo
E os campos do meu rodeio,
Pois somente em devaneios
Eu consigo reavê-los!

Soltos meus bois, pelos tempos,
Nos coxilhões do passado,
Lambem sal, nos descampados
Para garantir seu sustento;
Uma milonga é o alento
Que me distrai nos caminhos,
Pois não me sinto sozinho
Na companhia dos ventos...

O frio, que ainda me cala,
Reclama os velos de antanho;
Não tenho mais o rebanho,
Que outrora foi sem iguala.
Eis que o passado é quem fala
E me resgata, tecendo
Os incontáveis remendos
Que a vida fez no meu pala!

Tento seguir ventanias
Para libertar a memória,
Se a minha luta é inglória,
Nada me resta, hoje em dia.
A fome verga a alegria,
Clama, no chão das lavouras,
O pão das safras vindouras
Que, solidário, nascia...

E o meu olhar visionário,
Chora pra dentro e se anseia,
E o rio, que sou, tem mais cheias
Para inundar meu calvário;
Mas o passado pelo contrário,
Supre o vazio dessa ausência,
Com a visão da querência
Da qual já fui proprietário!

É triste ver meu final,
Na derradeira agonia!
Já que o passado me guia,
Não tenho luz nem sinal.
Choram os meus, no final,
Vendo os meus loucos anseios,
Parando um novo rodeio
Entre a calçada e o quintal...

Talvez por dura, a verdade,
É que eu prefiro o meu sonho,
Que veste um quadro medonho
Nas brumas da insanidade;
Ou, por tamanha, a saudade,
Que se traçou na distância,
Deixei a alma na estância
E o corpo foi pra cidade!

Livro: Magia das Horas,
Rodrigo Bauer.
Editora Tchê, maio de 1998.

Órfã no Cemitério (1824)

Museu do Louvre, Paris.
A modelo é uma pobre mendicante, descoberta
pelo artista nas ruas de Paris.

Introdução

Existe uma coleção da Editora Globo dos anos 90.

→ A coleção chama-se:

→ Personagens que mudaram o mundo.

→ Os grandes humanistas!

→ Um deles é dedicado:

→ A Charles Chaplin.

→Vamos lembrá-lo um pouco.

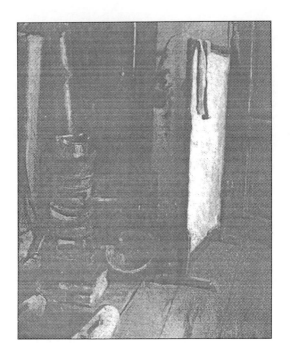

→ Charles Spencer Chaplin.

→ Nasceu no dia 16 de abril de 1889.

→ Na véspera de Natal de 1977 a casa estava transbordando de filhos e netos.

→ Papai Noel apareceu para distribuir os presentes.

→ Chaplin foi para o quarto e deixou a porta aberta para poder compartilhar os ruídos de alegria que tomavam a casa.

→ Na manhã seguinte, foram acordá-lo para lhe desejar Feliz Natal, encontraram-no morto.

→ O grande Charles Chaplin morreu dormindo.

→ Tinha 88 anos de idade, vividos intensamente.

→ Começo aqui a enfocar o que eu chamo de "homem atual".

→ O homem que vive seu tempo!

➜ Quando decidi dedicar um livro ao homem foi por uma série de fatos que, aos poucos, vamos conversando.

➜ Um dos motivos é o que vem abaixo:

➜ Olhei o calendário inteiro.

➜ Nele tem:

Por exemplo:

14/01 ➜ Dia dos Enfermos

11/02 ➜ Dia do Agente Fiscal da Receita Federal

08/03 ➜ Dia Internacional da Mulher

01/04 ➜ Dia da Mentira

14/05 ➜ Dia do Seguro

14/06 ➜ Dia Universal de Deus

19/07 ➜ Dia do Futebol

28/08 ➜ Dia da Avicultura

29/09 ➔ Dia do Petróleo

12/10 ➔ <u>Dia da Criança</u>

19/11 ➔ Dia da Bandeira

13/12 ➔ Dia do Cego

Certo!!!???

Tem dia:

➔ Do Fonoaudiólogo

➔ Do Economista

➔ Do Advogado

➔ Do Médico

Só que pode ser:

O fonoaudiólogo × A fonoaudióloga

O economista × A economista

O advogado × A advogada

O médico × A médica

Acho sacanagem não ter um dia:

➔ Do homem!

➔ Do macho!

➔ Do produtor de espermatozóides!

➔ Aquele que nos engravida!

➔ Este livro ➔ é uma homenagem aos homens que:

➔ Fizeram parte ➔ da minha vida!

➔ Que no meu consultório: abriram-me o coração!

➔ Os que encantaram meus ouvidos com música!

➔ Meus olhos com pintura!

➔ Meu gosto, com o sabor do beijo, e dos maravilhosos quitutes feitos por eles...

➔ Da sua camaradagem!

➜ Da sua sacanagem!

➜ Dos seus problemas, cores e amores!

- **ENFIM TODO ESTE:**

- **ENORME!**

- **IMENSO!**

- **OBSCURO!**

- **TENSO!**

- **DRAMÁTICO!**

- **POÉTICO!**

- **UNIVERSO MASCULINO.**

Natureza Morta com Lagosta (1827)

Museu do Louvre, Paris.

Quadro da Capa

A Liberdade Guiando o Povo (O de 28 de Julho) – 1831 – Óleo sobre tela, 260 x 325 cm

➔ *Escolhi este quadro porque considero que, na natureza humana, ele é eterno.*

➔ *Sempre haverá alguém falando de liberdade*

- *HONESTAMENTE!!*

- *OU MENTINDO!!*

A descrição do quadro feita pelo próprio pintor está no enquadro a seguir:

Obs.: o quadro está no Museu do Louvre, Paris.

> *Museu do Louvre, Paris. Em carta ao irmão, Delacroix escreveu sobre o quadro: "Quanto ao rancor, eu me liberto dele trabalhando. Dei início a um assunto moderno, uma barricada... Se não combati pela pátria, ao menos posso pintar para ela. Isso me rendeu um excelente humor".*

Mas quem é nosso homem?

****

➔ Há quem acredite que na vida dos grandes homens nunca faltam os maus presságios e, estes, mais cedo ou mais tarde, acabam por se confirmar.

➔ Se isso é verdadeiro, os primeiros anos da vida de Eugène Delacroix – o grande pintor romântico francês do século XIX – podem ser considerados como um grande argumento a favor.

→ Um louco foi o primeiro a antever transtornos para o pequeno Eugène. Ainda muito jovem para compreendê-las, Delacroix nunca mais esqueceria as palavras daquele estranho homem que o deteve, e à sua assustada ama, num passeio pelo campo.

→ Olhando-o fixamente e examinando-lhe as mãos disse: "Este menino chegará a ser um homem célebre, mas sua vida será das mais trabalhosas, das mais atormentadas e plena de contrariedades.

→ Muitos anos depois, amargurado, Delacroix confidenciaria a seu diário: "Como vêem, trabalho e continuo sendo repudiado; aquele louco era um adivinho".

→ De fato, sua infância foi marcada por acontecimentos sombrios. <u>Aos três anos de idade Eugène já escapara de quatro acidentes que quase o levaram à morte.</u>

→ Depois, na idade adulta, foi a luta contra a opinião dominante, por seu direito de ver e de pintar o mundo ao seu modo.

→ Sob insultos e críticas ferozes, Delacroix atravessaria a vida como um homem só e incompreendido, tendo na pintura sua única companheira.

****

→ Num sobrado simples, mas que guardava ainda aquele aspecto nobre, anterior à Revolução Francesa, em Charenton-Saint-Maurice, nasceu Ferdinand Victor Eugène Delacroix, a 26 de abril de 1798.

→ Seu pai, Charles Delacroix, importante figura política, era, nessa época, embaixador da França junto ao governo holandês.

→ Sua mãe, Victoire Delacroix, era filha do decorador alemão Oeben, desenhista de móveis nas cortes de Luís XV e Luís XVI. O casal tinha três filhos: Charles, nascido em 1770, Henriette, em 1771, e Henri em 1784.

> →O nascimento do filho caçula trouxe dissabores ao casal. Corriam boatos de que o pai de Eugène não era Charles e sim Talleyrand (o futuro chanceler de

Napoleão), assíduo freqüentador da casa de Delacroix. O fato nunca foi suficientemente esclarecido, embora existam provas bastante conclusivas.

➜ Segundo registros médicos da época, Charles Delacroix sofria há doze anos, ou seja, desde que Henri tinha um ano, de um "enorme tumor, no qual foram envolvidos os órgãos mais delicados do homem".

➜ *Os mesmos registros esclarecem que Charles Delacroix foi operado com sucesso, em setembro de 1797, tendo recobrado a virilidade dois meses mais tarde. Mesmo assim as datas não coincidem: <u>Eugène nasceu seis meses mais tarde.</u>*

➜ Não se sabe até que ponto tais histórias atingiram Eugène. Conta-se que um dia, ainda criança, encontrou sobre a escrivaninha da mãe um retrato de Talleyrand. Espantado com a semelhança entre os dois, correu a refugiar-se em seu quarto.

→ Mas dali para frente nunca mais demonstrou nenhuma dúvida a respeito, tendo tido sempre uma atitude respeitosa para com aquele que, legítimo ou não, foi seu pai de fato.

→ Os primeiros anos de Eugène foram bastante movimentados. Com a designação do pai para a Prefeitura de Marselha e depois Bordeaux.

→ De Marselha, ele guardaria importante influência, captada diretamente de uma natureza ensolarada e vibrante. As cores de sua infância estarão presentes em toda a sua pintura.

→ Foi também naquela cidade que o pequeno Eugène travaria seus primeiros contatos com a arte. Passava horas inteiras a observar o trabalho paciente do escultor Joseph Chinard, que fora contratado pela família para esculpir os medalhões de seus antepassados.

→ Em Bordeaux, a paixão pela arte continuaria a despertar. Quando a irmã Henriette começou a tomar lições de piano, o menino conseguiu que o deixassem ficar num canto da sala, ouvindo. Durante horas ficaria ali, no mais perfeito silêncio, transformando cada acorde em sonhos. O silêncio e a solidão marcaram sua infância. Porém, teve muitos ensejos de se entregar a experiências que quase o mataram...

➜ Enamorado da chama de uma vela, quis transformá-la em labaredas. Tocou fogo no mosquiteiro de sua cama e deitou-se para admirá-lo. Somente quando o fogo começou a chamuscar-lhe a pele e as roupas é que se deu conta do perigo. Salvaram-no a tempo, mas seus braços ficaram por toda a vida com as marcas do acidente.

➜ Em Bordeaux, as cores o atrairiam mais uma vez. Achou tão bonita a tinta *vert-gris* de banhar os mapas geográficos de seu pai que quis prová-la. Por sorte, seu pai entrou a tempo no gabinete de trabalho salvando-o do envenenamento.

➜Em outro episódio de suas "experiências", Delacroix quase acabou enforcado. Montado a cavalo com o irmão, passou as rédeas em torno do pescoço sem que Charles se desse conta disso. Escorregou, e até que o irmão conseguisse frear o animal o menino ficou dependurado, asfixiado.

➜ Em seu primeiro dia em Marselha, Eugène quase se afogou. Mas, dessa vez, o acontecimento foi de todo involuntário. A ama que o trazia no colo para participar da festa de recepção ao novo prefeito, seu pai, tropeçou e caiu nas águas do porto. Um marujo os salvou.

✵✵✵✵✵✵✵✵✵✵✵✵✵✵✵✵✵✵✵✵✵✵✵✵✵✵✵✵✵✵✵✵✵✵✵✵✵✵

➜Em 1805, com a morte do pai, Delacroix e sua mãe mudaram-se para Paris. Ele tinha apenas sete anos e esperou até outubro do ano seguinte para começar a cursar o Liceu Imperial, ou "Louis le Grand", como era denominado então.

➜ Ali fez seus primeiros amigos, iniciando uma fase menos agitada e solitária de sua vida. Muitos desses primeiros contatos solidificaram-se em amizades fiéis, que o acompanharam por muitos anos:

● Félix Louvet, Piron, que escreveria sua biografia;

● Jean-Baptiste Pierret, que aparece em seu Massacre de Quios (um de seus quadros).

➜ Em Paris, Delacroix descobriu a pintura. Eram raros os dias em que o Museu Napoleão (hoje Museu do Louvre) não via entrar aquele jovem sonhador que, diante das telas de Rafael, Rubens, Ticiano, Tintoretto, esquecia-se das horas.

➜ Em 3 de setembro de 1814 terminaram aqueles anos calmos, que não se repetiriam. Chamado pela irmã às pressas, Delacroix acompanhou a lenta agonia da mãe, até que o rosto querido perdesse a cor, "como uma cortina que se levanta docemente e a palidez se estendesse dos lábios à fronte".

→ Órfão aos dezesseis anos, deixou a casa da rua de Bourgogne para viver com a irmã e seu marido, o embaixador Raymond de Verninac. Por essa época concluiu o liceu, matriculando-se no curso de Filosofia no Colégio da França.

> → Foi também nesse período que um tio materno, o pintor Henri Riensner, percebeu o talento do sobrinho. Conseguiu a admissão de Delacroix no atelier de Pierre Guérin (1774-1833), em março de 1816. Contava então dezoito anos de idade.

→ As características pedagógicas de Guérin por certo também exerceram significativa influência em sua pintura. Mestre indulgente e pouco severo, involuntariamente Guérin tornou-se "<u>o chefe aparente da juventude mais independente e menos ortodoxa da época</u>".

→ A indulgência de Guérin calaria muito fundo em Delacroix, que desde cedo optou pelo inconformismo da intensa procura, incompatível com a limitação da inteligência em fórmulas acabadas.

> ➜ Mais do que qualquer influência pessoal, porém, Delacroix sofreria a própria pressão da época, convulsionada por uma revolução que não deixou pedra sobre pedra nos campos da política, economia, sociedade. A arte não sairia ilesa.

✳✳✳

➜ O movimento conhecido na história da pintura francesa por Romantismo, iniciado em 1822, foi uma das manifestações deste período de agitação, <u>em que uma nova classe, a burguesia, conseguiu conquistar o poder</u>.

➜ Seus elementos são os de uma época revolucionária:
- descontentamento com o presente;
- apaixonada busca do inatingível;
- intensidade de sentimentos;
- fatalismo inconformado;
- imagens tristes;
- melancólicas;

- carregadas de expressão;
- desejo de transmitir o inexprimível.

> ➜ O inconformismo, a busca do "eu" liberto das amarras acadêmicas leva Delacroix a aproximar-se de homens que, como ele, procuravam fazer da arte a expressão de seus sentimentos. Logo conhece o jornalista Horace Raisson – futuro colaborador de Balzac, que o apresenta ao jovem pintor e gravador Raymond Soulier.
>
> ➜ Mais do que outro, excetuando-se Pierret, Soulier tornou-se um grande amigo. Foi Soulier que o iniciou na aquarela, transmitindo-lhe o aprendizado que trouxera da Inglaterra. A profusão de cores da pintura de Delacroix, que em breve acarretaria mais escândalo que admiração, deve-se em grande parte a Soulier.

✻✻

➜ Aqueles foram anos difíceis. Soulier era pobre e Delacroix, desde a morte do pai, já não contava com muitos recursos. A pintura não rendia e era preciso ganhar a vida de algum modo.

→ Em plena Revolução Industrial, os dois jovens pintores encontraram uma ocupação rendosa: faziam os desenhos de máquinas a serem anexados às patentes de invenções. Soulier traçava o desenho linear e Delacroix encarregava-se de colori-lo.

> →Quando o primeiro recebia o pagamento, procurava o companheiro para dividi-lo. Encontrava-o não em casa, mas sempre no Louvre, onde Delacroix ia todas as tardes. "Acho que foi o primeiro dinheiro que ele ganhou com seu pincel", escreveu Soulier.

→ As noites eram passadas no pequeno quarto de Soulier, na praça de Vendôme. Conversavam, trabalhavam, e quando as tintas acabavam, Delacroix exercitava-se no inglês com o amigo, lendo Shakespeare e Byron no original.

→ Aqueles tempos difíceis, mas não desprovidos de alegrias, seriam sempre lembrados por Delacroix. "Não passo nunca pela praça Vendôme sem olhar para aquela água-furtada onde fomos tão felizes. Quantos anos se passaram!", escreveu, nostálgico, alguns anos antes da sua morte.

→Aos 22 anos sua atividade é interrompida por um breve período. É atacado de febre. "Era uma febre lenta que me atacava todos os dias; nada de apetite, fastio e repugnância, e uma debilidade que, quando me levantava da cadeira, tinha alucinações", contou depois para o irmão mais velho.

→ A melhora é apenas momentânea. O mal o perseguirá durante longos anos, para ser substituído por outro mais grave e que será percebido tarde demais. A doença tem influência sobre seu estado anônimo, sua percepção angustiada da vida.

→ Segundo seu amigo Piron, a "constituição delicada e esse estado de saúde, que começou com febres prolongadas em 1820 e terminou com uma tuberculose em 1863, influíram muito no conjunto de suas idéias".

→ Recuperado da febre, Delacroix reiniciou o trabalho. E foi nesse ano de 1820, no modesto atelier recém montado da rue de la Planche, que deu início à sua primeira obra-prima:

A BARCA DE DANTE.

→ Encerra-se aqui a imaturidade do pintor, para abrir-se uma etapa vigorosa que será uma constante em sua vida: a luta obstinada contra as opiniões dominantes e retrógradas por seu direito de ver e pintar as coisas a seu único e exclusivo modo. <u>Foi por isso e pela genialidade de suas obras, apontado como chefe do Romantismo.</u>

> **A BARCA DE DANTE MARCOU A ESTRÉIA DE DELACROIX NO MUNDO DA PINTURA.**

➔ Em meados de abril de 1821, a grande obra que prometia enviar à exposição de 1822 era concluída. Muitos de seus amigos acompanharam o dia-a-dia de sua execução. Delacroix gostava de ouvir seus palpites, sentir sua aprovação.

➔ Enquanto Delacroix pintava a Barca, Pierret lia passagens do Inferno de Dante. Foi desse modo que serviu de modelo para "a melhor cabeça" da obra (a do homem que está de frente, ao fundo, tentando subir na barca).

➔ Guérin foi um dos primeiros a visitar o atelier para examinar o trabalho do aluno. Contemplou-o longamente e não gostou do que viu. Era uma estranha cena do inferno de Dante, com a negra atmosfera do além, cores fantasmagóricas, rostos horripilantes. Uma "selvageria" comparada com a placidez das telas clássicas! O mestre retirou-se, aconselhando-o a não expor aquela obra. Delacroix, porém, não desistiu de seu intento.

Tinha apenas que resolver um problema prático: sem recursos, como poderia enquadrar aquela tela?

➔ Graças ao presente de um humilde carpinteiro da rue de la Planche, a Barca pôde ser enviada ao Salão com uma moldura de madeira branco-dourada. Mas o material barato não resistiu e chegou ao seu destino em pedaços.

➔ Na abertura do Salão de 1822, Delacroix, para seu espanto, encontrou a tela em luxuosa moldura. Soube então que o célebre pintor classicista, Barão de Gros

(1771-1835), entusiasmara-se com a obra a ponto de encomendar nova moldura.

→ Comovido, Delacroix retirou-se imediatamente à procura do protetor desconhecido. Encontrou-o em seu atelier na rue de L'Ancienne Comédie.

→ Timidamente apresentou-se querendo agradecer-lhe. "Agradecer-me do quê?... Ah, então sois o autor daquela Barca? Muito bem jovem. Fizestes uma obra de arte!", disse-lhe Gros.

****

→ A "Morte de Sardanapalo", exposta no Salão de 1828, marcou a ruptura final entre a crítica conservadora e Delacroix. Baseada na tragédia de Byron, publicada em 1821, a tela escandalizou pelas sensações de horror, violência, erotismo, sadismo, das quais não escapava o mais frio observador.

→Desdenhar as regras e convenções não significava, porém, o desprezo pelo estudo e raciocínio, como tentaram provar seus críticos. Apaixonado por teatro, música, literatura, Delacroix exercitava sua imaginação recorrendo à leitura, consultas a amigos, estudos históricos e da natureza. Foi assim que representou, na tela, episódios de Goethe, Byron, Scott, Shaskepeare.

→Desenvolvendo sua idéia inicial em croquis e esboços, Delacroix passava-a sucessivamente pela imaginação num meticuloso raciocínio. Nesse processo intelectual, em que a paixão não era mais que a força animadora, a obra ia se enriquecendo com novos elementos.

→Ao final tudo parecia surgir da mais completa espontaneidade. "Quando vejo o segundo croqui, de fato quase copiado do anterior, mas no qual minhas intenções estão mais claras – tirando as

> coisas inúteis e introduzindo, por sua vez, esse grau de elegância que sentia necessário para alcançar a impressão do tema –, o primeiro me é suportável."

➔ *Esse método de execução reflete bem sua concepção de que arte é a própria vida. Nada de coisas estáticas, de idéias definitivamente acabadas. "O belo tão difícil de encontrar é ainda mais difícil de localizar. Como os hábitos, como as idéias, sofre todo tipo de metamorfose", escreveu em seu diário.*

➔ Para ele, tudo só fazia sentido na medida em que o espectador fosse também o ator, intervindo intensamente a inteligência e os sentimentos de quem contempla.

****

➔ Embora não desse ouvidos às críticas desmoralizadoras, Delacroix ressentia-se delas. A liberdade de ser e a excessiva sensibilidade levaram-no a uma profunda solidão interior.

→ As longas e angustiadas confidências que tomam três volumes de seu diário nunca seriam reveladas em vida.

→ Da solidão, Delacroix defendia-se com frieza de gestos e com o sorriso enigmático, que tanto atraía as mulheres, mas nenhuma delas conseguiu jamais preencher a intensidade de seus sentimentos, a não ser por breves períodos.

> →"Ele considerava a mulher como um objeto de arte, delicioso e próprio para exercitar o espírito, mas um objeto de arte desobediente e perturbador", escreveu Charles Baudelaire.

Elizabeth Salter, camareira inglesa de sua irmã, foi sua primeira paixão.

→ Durou pouco!

➔ Em 1822, apaixonou-se por uma humilde camponesa, Lisette, durante sua estada na casa do irmão, em Louroux. Sucederam-na rapidamente uma vizinha do atelier da rue de la Panche, Fanny –, jovem empregada de seu amigo Pierret –, e outros amores que mal tiveram tempo de figurar em seu diário.

➔ Em 1833, conhece Jenny Le Guillou, camareira de Pierret. Por 29 anos ela permaneceria ao seu lado como governanta, enfermeira, amante e confidente. Esse amor, dedicado e fiel, nunca encontraria, porém, correspondência tão profunda. Em sua simplicidade, Jenny soube compreender que a pintura era de fato a única musa, a única amante e companheira de Delacroix.

➔ Viveu silenciosamente a seu lado até às 7 horas da manhã do dia 13 de agosto de 1863, quando ele morreu, na solidão

> de sua casa na praça Furstenberg, n. 6, segurando ainda as mãos fiéis de Jenny.
>
> ➔ O testamento de Delacroix é prova de que tanta afeição não lhe passou despercebida. Deixou-lhe, entre outros bens, o "Auto-Retrato", pintado em 1829, que ela, por sua vez, doou ao Louvre.

➔ Vocês se deram conta dessa vida e obra!

➔ Todas essas obras, claro, que não vou poder colocar todas.

➔ Mas algumas... vocês terão o prazer de vê-las.

DELACROIX

➔ É?

➔ Foi?

➔ Será?

➔ Um <u>HOMEM ATUAL</u>???

> QUAL O DIA EM QUE NÃO SE
> CRITICA, NÃO SE CRUCIFICA,
> NÃO SE DESCOBRE,
> NÃO SE FAZ
> FAMOSO ALGUÉM.

... Já vamos, durante este volume ver, o meu conceito de atual...

Morte de Sardanapalo (1828) –

Museu do Louvre, Paris

Homem??
Que Bicho é Esse??

→ A zoologia é uma palavra de origem grega:

> **ZOON** = Animal
>
> **LOGOS** = Estudo

→ Ou seja, é uma ciência que tem como principal objetivo obter uma visão clara de todo o Reino Animal.

→ Para isso, é necessário agrupá-los e classificá-los para estudo.

→ A primeira classificação dos animais foi feita por Lineu em 1758.

→ Foram incluídos 4.236 tipos.

➔ Em 1976, já se falava em 1.000.000 de tipos.

> As características dos animais são a base da classificação.
>
> Incluem aspectos:
>
> ➔ Estruturais;
>
> ➔ Tamanho;
>
> ➔ Proporções;
>
> ➔ Coloração;
>
> ➔ e outros...

➔ A unidade básica da classificação na zoologia é a:

ESPÉCIE

→ Duas ou mais espécies com certos caracteres em comum formam um:

GÊNERO

→ Gêneros com caracteres comum formam uma:

FAMÍLIA

→ As famílias são combinadas em:

ORDEM

→ As ordens em:

CLASSES

→ As classes em:

FILOS

→ Todos os filos juntos, o:

REINO ANIMAL

➜ *Adoro zoologia, <u>com ela, durante meu curso de Medicina, lecionando-a em curso pré-vestibular</u>*

➜ Consegui!!

➜ Comprar meus livros!!

➜ Ajudar minha família!!

➜ Comprar minha passagem de navio, de linha italiana, "Linea C", de Santos a Barcelona em 1974!!

➜ Isso foi só para exibir-me um pouco.

Agora vou colocar a classificação zoológica da espécie humana:

REINO	ANIMALIA
FILO	CORDATA
SUBFILO	VERTEBRATA
CLASSE	MAMOMALIA
ORDEM	PRIMATES
FAMÍLIA	HOMINIDAE
GÊNERO	HOMO
ESPÉCIE	HOMO SAPIENS

→ Ou seja, nós as mulheres!

→ E eles, os homens, pertencemos a mesma espécie!

→ Tem um monte de gente que duvida disso!!!

→ Um pouco sobre nossa evolução:

→ **4,5 milhões de anos**

Australopithecus ramidus

Primeiros antepassados humanos.

O macho era duas vezes maior que a fêmea...

→ **4,2 milhões de anos**

Australopithecus anamensis

Já andava ereto!

➜ **3,9 milhões de anos**

Australopithecus afarensis

Lucy, o mais famoso hominídeo, pertencia a essa espécie...

➜ **3 milhões de anos**

Australopithecus africanus

Era robusto e <u>tinha uma dentadura poderosa</u>.!!

Alimentava-se de grãos.

➜ **2,6 milhões de anos**

Australopithecus boidei

Os machos tinham uma crista no crânio???

➜ **2,5 milhões de anos**

Homo habilis

Desenvolveu as primeiras ferramentas!

➜ 2 milhões de anos

Australopithecus robustus

O formato das mãos permitia a construção de ferramentas.

➜ 1,8 milhões de anos

Homo erectus

Dominou o fogo, fabricava ferramentas e vivia nas cavernas.

➜ 500 mil anos

Homo sapiens arcaico

O mais próximo ancestral do homem.

➜ 170 mil anos

Neandertal

Conviveu por milhares de anos com o *Homo sapiens* moderno.

Foi extinto durante a última idade do gelo.

> → **40 mil anos**
>
> *Homo sapiens sapiens*
>
> O homem moderno?!!?...

◆ DESCOBERTA UMA DAS MAIS ANTIGAS OSSADAS DO HOMEM

→ *Restos de um* Homo sapiens *foram achadas na França*

→ Uma das mais antigas ossadas humanas já descobertas no mundo, com uma idade entre 20 a 30 mil anos, foi encontrada no fundo da Gruta de Chauvet, na região de Ardeche (no sudeste da França). A ossada, segundo o Ministério da Cultura e Comunicação da França, seria a mais antiga da espécie *Homo sapiens sapiens* já encontrada.

→ Foram descobertos quatro ossos dos pés – um do direito e três do esquerdo. Os pés mediam 21 centímetros de comprimento por nove centímetros de largura, o que, em comparação aos europeus de hoje, equivaleria a um indivíduo do sexo masculino, com cerca de 1m30cm de altura, com idade entre 8 e 10 anos.

→ Os ossos e novas representações de animais foram descobertos durante uma expedição científica, realizada entre 3 e 18 de maio por uma equipe de 15 arqueólogos, dirigida por Jean Clottes. Cerca de 12 novas imagens de animais (mamutes, bisontes, cavalos, felinos, cervos e rinocerontes) foram descobertas. Ao todo foram catalogadas, durante a expedição, 30 pinturas suplementares, o que eleva para 447 o número total de figuras descobertas na gruta, segundo o comunicado oficial.

****

→ A gruta de Chauvet, descoberta em dezembro de 1994 em Combe d´Arc , em Ardena, está adornada com pinturas rupestres de pelo menos 30 mil anos. Nesse período de evolução, o homem moderno convivia ainda com o neoancestral, uma espécie de hominídeo que desapareceu durante a última idade do gelo, que teve seu período mais intenso justamente entre 20 e 12 mil anos atrás.

➜ **Naquele tempo, Paris estava coberta por uma camada de 4 mil metros de gelo.**

> **▶DESCOBERTA PEGADA HUMANA MAIS ANTIGA**

➜ As marcas de pés humanos, também descobertos na gruta francesa de Chauvet, são as mais antigas já encontradas. As primeiras informações falam de uma pegada de pé direito e três de pé esquerdo, de um *Homo sapiens sapiens* – nome científico da espécie humana em sua forma atual.

➜O autor das pegadas seria um garoto que viveu há cerca de 20 ou 30 mil anos atrás, que pisou no fundo de argila da caverna. Segundo especialistas, as pegadas correspondem aos pés de "uma pessoa de sexo masculino, cerca de 1m30cm de altura, com idade entre oito e dez anos.

TERMOS USADOS PARA ESTUDAR O BICHO HOMEM

→ ANTROPOLOGIA: Ciência que estuda o ser humano dentro da escala zoológica e seus tipos biológicos e culturais.

→ ANTROPÓLOGO: Aquele que professa ou tem especiais conhecimentos de antropologia.

→ DIMORFISMO: Variações nos diferentes sexos de indivíduos da mesma espécie.

→ ECOLOGIA: Ciência que estuda as condições de existência dos seres vivos e as interações que existem entre estes e seu meio.

→ HABITAT: Espaço vital ocupado por um organismo, levando em conta as condições ambientais que atuam sobre ele.

→ HOMINÍDEO: Família de primatas cujas principais características anatômicas são a posição vertical apoiada sobre os pés, grande desenvolvimento da capacidade craniana e dentição especial. Compreende dois gêneros: Australopithecus e Homo, sendo o ser humano o único representante atual da família.

➜ MUTANTE: Gene que sofreu uma mutação (variação de um caráter). Também célula ou organismo que possui um gene mutante. Diz-se igualmente do caráter devido a um gene mutante.

➜ PALEONTOLOGIA: Ciência que estuda os seres vivos do passado, seu habitat e os vestígios de sua atividade.

➜ PALEONTÓLOGO - Aquele que professa ou tem especiais conhecimentos de paleontologia.

Viram que quantidade de dados em poucas páginas!

➔ *Eu, particularmente, tenho um fato para contar:*

... Há alguns anos convidaram-me para fazer uma palestra para os oficiais da Brigada Militar do Rio Grande do Sul, que se reuniram para um grande evento em Santa Maria.

➔ *A palestra deveria ter a duração de uma hora...*

... Mas as perguntas foram crescendo e já estava falando há mais de duas horas...

➔ *Decidi encerrar!!!*

➔ *Quando um oficial, aparentemente era um dos mais graduados, assinalou-me, com o objetivo de uma pergunta.*

- Doutora, depois de ouvi-la falar dos mais variados temas, gostaria que a senhora desse sua definição do ser humano!

Respondi:

> – O senhor quer a de <u>salão</u> ou a de <u>galpão</u>?
>
> • Resposta salão: chique;
>
> • Resposta galpão: curta e grossa.

Ele olhou-me, riu e respondeu: a de galpão!!

> – A de galpão foi, é, e será, por muito tempo, esta abaixo, e nela incluo homem e mulher, ou seja,
> o ser humano.

"O ser humano é um bichinho sem vergonha, capaz das mais elevadas ações e das piores safadezas, dependendo da motivação."

Se não concordarem vamos logo discutir isto em outros volumes!

➡ Para encerrar esta conversa sobre o bicho homem:

> ➡ De acordo com um estudo publicado na Revista <u>Nature</u>, em 7 de dezembro de 2000, o <u>Homo sapiens,</u> partiu do continente africano em algum momento dos últimos 100 mil anos.

➡O coordenador da pesquisa é o biólogo e geneticista:

➡Ulfgylleuten, da Universidade de Upsala na Suécia.

➡ Não é tudo sempre atual!!!

Morte de Sardanapalo (1828) – Detalhe

Homens!! Por Último

TITANIC

➜ O que de tão incrível possuiu um naufrágio que por mais de 80 anos atrai a atenção do mundo???

➜Sua perda, para a época, foi um golpe tremendo à raça humana e, porque não dizer, ao orgulho humano que, com suas conquistas recentes, julgava arrogantemente ter dominado definitivamente a natureza.

> **As declarações de seus proprietários e construtores e os elogios da mídia inglesa tornaram o Titanic "insubmergível", um navio que "o próprio Deus" não poderia afundar.**

Os fatos demonstram uma total confiança na embarcação tanto que, com o chegar das primeiras notícias sobre o choque com o iceberg, por certo tempo ainda se afirmou que a embarcação permaneceria flutuando, que nenhuma vida havia sido perdida, e a maior questão era a de qual doca, nos Estados Unidos, conseguiria receber tão grande embarcação para reparos!!!

A história desta embarcação se inicia com a tentativa feita por J. Bruce Ismay, presidente da White Star Line, e J. P. Morgan, seu maior acionista, em concorrer na rota do Atlântico com a Cunard Line, proprietária das embarcações MAURETANIA e LUSITANIA. Em 1907, ambos decidiram construir duas, posteriormente três, embarcações de grande porte e luxo para operar a rota Grã-Bretanha – Estados Unidos.

Seriam elas a OLYMPIC, a TITANIC e, posteriormente, a BRITANIC.

ALGUNS DADOS ESTRUTURAIS:

➔TONELAGEM BRUTA: 46.328 toneladas.

➔DESLOCAMENTO: 52.250 toneladas.

➔PROPULSÃO: 29 caldeiras com 159 fornalhas propiciavam uma potência total de 46.0000 hp.

> **CAPACIDADE:
> 3.547 PESSOAS
> (PASSAGEIROS + TRIPULAÇÃO).**

O Titanic teve sua construção iniciada em **31 de março de 1909** e foi lançado ao mar em **31 de maio de 1911,** tornando-se o maior objeto móvel construído pelo homem.

Em julho de 1911 foi marcada a data de 20 de março de 1912 para de viagem inaugural do Titanic.

> A embarcação Olympic bateu com o cruzador da marinha britânica, Hanke, sofrendo fortes avarias que obrigaram o estaleiro a fornecer homens e materiais para atender os reparos da Olympic. Com isso, a primeira viagem do Titanic foi remarcada para o dia 10 de abril de 1912.

A 3 de fevereiro de 1912, o Titanic dá entrada na Thompson Graving Dock, concluem-se os acabamentos e iniciam-se os testes de mar, onde são realizadas manobras para testes da embarcação e de seus equipamentos.

No dia 2 de abril, parte, sob o comando do capitão Bartlett, para Southampton (a 570 milhas), o porto base para as viagens que começaria a realizar, onde chegou na madrugada do dia 4, e inicia o carregamento de carga e suprimentos além de receber à bordo a maior parte da tripulação.

A embarcação fica pronta para zarpar em sua viagem inaugural no dia 9 de abril.

No dia 10 de abril, às 07h30min, recebe seu novo comandante, Capitão Edward J. Smith, ex comandante da Olympic. Das 9h30min às 11 horas, é realizado o embarque dos passageiros das 2ª e 3ª classes. Os passageiros da 1ª classe embarcaram às 11h30min.

Nesta tarde, o Titanic parte sendo levado por rebocadores.

> Quando o Titanic já está navegando por seus próprios meios ocorre um incidente: ele passa próximo da embarcação New York e o deslocamento de água de seu movimento faz com que as amarras da outra embarcação se quebrem e a popa desta vá em sua direção. Graças a uma rápida intervenção da tripulação da New York a colisão é evitada por apenas 2 metros.

Tudo correu normalmente até a triste madrugada entre os dias 14 e 15 de abril, quando o Titanic naufraga após colidir com um iceberg, a cerca de 400 milhas de St. John (Cape Race, New Foundland) e distante aproximadamente 900 milhas de New York.

Essas informações foram resumidas deste endereço eletrônico:

http://www.naufragios.com.br/titanic.htm

O desastre mereceu várias filmagens, das quais a última foi protagonizada pelo famoso Leonardo Di Caprio.

O que tem a ver o Titanic conosco???

... É só para relembrar que os 705 sobreviventes eram, em sua maioria, mulheres e crianças...

... ATÉ HOJE, EM CASO DE:

➔ Encrenca!!!

➔ Acidente!!!

➔ Naufrágio!!!

Etc... etc... etc...

➔ Primeiro mulheres e crianças...

➔ Depois eles...

➔ Estranho, não???

OBSERVAÇÃO:

Em minha cidade, Santa Maria da Boca do Monte, existem centenas de ginecologistas =

➜ MÉDICOS QUE CUIDAM DAS MULHERES;

➜ ANDROLOGISTAS, QUE EU SAIBA, DOIS OU TRÊS, OU SEJA, MÉDICOS QUE CUIDAM DE HOMENS!

- SACANAGEM???

- NÃO???

Retrato de Henri de Verninac (1827)

Coleção Arthur Sachs, Paris.

É um retrato do sobrinho do artista, com marcante influência
da pintura inglesa.

A Comédia Humana

HONORÉ DE BALZAC

➜ Nasceu em Tours (centro-oeste da França) em 1799. Como o sucesso literário tardava em chegar, lançou-se nos negócios (livraria, gráfica).

→ Embora tenha fracassado, a experiência lhe permitiu ingressar nos meios literários, políticos e mundanos.

→ Bem sucedido a partir de 1829, escreveu 90 romances, 30 contos, 5 peças teatrais. Morreu esgotado, em 1850, em Paris.

→ Admirável e prolixo retratista dos costumes, organizou sua obra sob o rótulo geral de "A Comédia Humana", e deixou com ela um insuportável marco de realismo na literatura do século XIX.

****

→ *Quando eu tinha 13 anos, li "A Comédia Humana" inteirinha!*

→ *Numas férias de julho, um inverno muito frio.*

→ *Ano 1960.*

→ *Ano importante, moderno, chique.*

→ *Eu achava que era um poço de sabedoria!*

→ *E apta para ler Balzac, afinal tinha 13 anos!!!*

→*Quem emprestou os livros???*

→ *Um médico de Passo Fundo,*

→*Dr. Frediani, que morava no mesmo edifício que nós.*

→ *Tinha uma biblioteca maravilhosa!*

→ *E me emprestava livros!!!*

- **LI, FIQUEI ENCANTADA,**

- **PASSEI A USAR CABELO PRESO;**

- **MEIA FUMÉ;**

- **PINTAR OS OLHOS;**

- **PINTAR A BOCA DE VERMELHO.**

→ *Virei uma Balzaquiana!*

→ 1974 - DEZEMBRO - MADRID

→ *Véspera do meu primeiro Natal*

→ <u>*Solita*</u> *na Europa!*

→*Um frio de rachar!*

→ *Fui ao "El Corte Ingles" de Callao.*

→ *Organizar meu Natal*

→*Comprei!*

• *Um presépio...*

• *Um champagne Freixenet Carta Negra...*

• *Uma vela...*

• *Uma bandeja de cogumelos...*

• *Um pacote de sopa em pó de cogumelos...*

• *Pão...*

E...

Faltava o meu presente...
...o dinheiro era curtíssimo...
...mas sempre fui sortuda....
...o anjo da guarda me levou para o lado
...do saldo dos livros
...e em oferta num cesto de livros
...de liquidação!!!

➔ *"A Comédia Humana" inteirinha em XXX (não 30) <u>XXX, assim, livros.</u>*

➔ *Menos do que eu pensava gastar!*

➔ *Agarrei os XXX livros como um rato, pegando queijo!*

➔ *Passei no caixa e paguei!*

➔ *De medo que alguém dissesse que não era verdade.*

➔ **24/12/1974, 18 HORAS:**

➔ *Reiniciei a leitura,*

➔ *14 anos depois!*

➔ *Médica formada!*

➔ *Lecionando como professora há seis anos em pré-vestibular*

● *Portanto 6 anos de experiência didática*

e....

Tudo iniciou com outro...

● *jeito...*

● *encanto...*

➔*A coleção era da:*

➔*Ediciones Nauta de Barcelona e tinha*

➔*Uma coisa linda no volume I, chamada:*

PROSPECTO

➜ "Depois de revisar e corrigir com cuidado cada uma de suas obras.

➜ O senhor de Balzac colocou-as todas, em nossa edição, em seu lugar definitivo.

➜ Deu-lhes um título geral: "A Comédia Humana".

➜ Título que resume o pensamento do escritor e que ilustra o conjunto.

➜ Com todos os detalhes esta obra literária pode ser considerada como uma das maiores e atrevidas deste século".

➜ A primeira edição foi colocada à venda no dia 16 de abril de 1842.

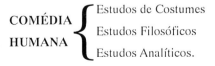

ESTUDO DE COSTUMES

- Cenas da vida privada;

- Cenas da vida provinciana;

- Cenas da vida parisiense;

- Cenas da vida política;

- Cenas da vida militar;

- Cenas da vida do campo.

> → Vou fazer uma coisa estranha agora, vou colocar os nomes que Balzac dá para algumas de suas criações.

- **Cenas da vida privada:**

– Os meninos;

– Um pensionato de senhoritas;

– Interior de colégio;

– A casa do gato que joga bola;

– Memórias de duas jovens esposas;

– A bolsa;

– Uma entrada na vida;

– A vingança;

– A dupla família;

– A paz do lar;

– Estudo de mulher;

– A falsa querida;

– Uma filha de Eva;

– A mulher abandonada;

– Beatriz, a dos amores forçados;

– A mulher de trinta anos;

– A missa do ateu;

– A interdição;

– O contrato de casamento;

– Noras e sogras.

➜ Primeiro: Que coisa fantástica, não faltou nada, nem um buraquinho onde ele não se metesse!!

➜ Segundo: Não vão pensar que eu vou contar quem são estas pessoas, bom professor é o que estimula a curiosidade!!

Sacanagem, não??

➜Vou passar por cima de algumas partes e vou enumerar:
Algumas... Cenas da vida política!

****

– A história e a novela;

– Um assunto tenebroso;

– Os dois ambiciosos;

– O agregado da Embaixada;

– Como forma-se um Ministério;

➔ Será 1842???

➔ Parece manchete do Jornal Nacional de 2004!!!

➔ Atual!!! Não?!!

****

➔ **Dos estudos filosóficos, vou citar apenas alguns:**

– O filho maldito;

– Adeus;

– Vida e aventuras de uma idéia;

– O elixir da longa vida.

****

➡ Da terceira parte dos estudos analíticos, vou citar todos:

> – Anatomia dos corpos –

> – Fisiologia do casamento –

INCRÍVEL!!!

> – Patologia da vida social –

MAGNÍFICO!!!

> – Monografia da virtude –

UM BARATO!!!

> – Diálogo filosófico e político sobre as perfeições do século XIX –

PODE TROCAR POR XXI!!!

➡ Vocês podem ler qualquer obra, qualquer escritor, qualquer indivíduo de qualquer área de conhecimento!!!

➜ Pode-se encontrar pares de Honoré de Balzac na descrição do homem, do ser humano... melhor... acho difícil...

➜ *A Comédia Humana* no volume XXX, <u>da minha coleção</u>!!! Acaba com o tema:

> "Pequenas misérias da vida conjugal".

➜ Onde temos verdadeiras pérolas, tipo:

– Os descobrimentos;

– A lógica das mulheres;

– A arte de ser vítima;

– Os maridos do segundo mês;

– Ambições frustradas;

– As indiscrições;

– As atenções perdidas;

– As confissões;

– A última briga.

➔ *Meu Deus!! Estou ficando completamente atrapalhada!!*

➔ *Isso não é a novela das 8??!!*

➔ *Balzac foi condenado, controvertido, criticado!!*

➔ Tinha mania de tomar café aos baldes!!

➔ Não cuidava da saúde!!

➔ Nasceu em 1799 e morreu em 1841, ou seja, mais jovem do que eu!!

➔ Porém foi o "homem" que só por ter criado:

➔ O pai Goriot (retrato da próxima página)!! Este ao lado!

➔ Valeu a passagem por aqui!!!

➔ Sempre ter uma mente atual!

Retrato de pai de Goriot
Como seria esta pessoa?
Leiam "A Comédia Humana"!!!

**A Grécia Moribunda sobre
as Ruínas de Missolôngui**

Museu de Belas-Artes de Boredeaux

O Que Eles Acham Deles Mesmos!!!

Este capítulo eu acho interessantíssimo.

➔ Eu apenas juntei as cartas...

➔ Montei o jogo!

➔ Na realidade, eles falam sobre eles.

➔ O esquema é o seguinte:

➔ **Coloco o ditado e digo <u>quem era</u> o autor do ditado.**

➔ Os ditados foram coletados do "Dicionário Universal de Citações". São os enquadrados.

➔ O autor é Paulo Ronai.

➔ O editorial é o <u>Círculo do Livro</u>, e o ano: 1985.

> **"AS NATUREZAS DOS HOMENS SÃO PARECIDAS; SÃO SEUS HÁBITOS QUE OS AFASTAM UNS DOS OUTROS".**
> *Confúcio (551 – 479 a.C.), Analecta*

➔ *Foi o primeiro homem a desenvolver um sistema de crenças.*

➔ *Estruturando as idéias fundamentais do povo chinês.*

➔ *Suas idéias estão em franco ressurgimento na China atual.*

➔ *Quando Confúcio tinha 68 anos, dedicou-se ao ensino.*

➔ *Chegou a ter 3.000 alunos.*

➔ *Segundo seus ensinamentos, o homem basicamente é bom.*

➔ *Possuidor de livre-arbítrio, sendo a virtude sua recompensa.*

➔ *O único sacrilégio é desobedecer a regra da piedade.*

> "Pois vejo que todos quantos somos não passamos de fantasmas ou de uma sombra leve."
>
> **
>
> "Muitos são os prodígios; entretanto nada é mais prodigioso do que o homem."
> Sófocles (494? -406 a.C.)

➔ *Sófocles foi um dos maiores poetas da Grécia antiga, autor de Édipo rei.*

➔ *Sua obra consagrou-o como o maior trágico da Antigüidade grega.*

➔ *Era filho de família abastada.*

➔ *Era bonito, valente e talentoso, segundo contam as crônicas de sua época.*

➔ *Além de artista, foi um homem de vida pública, e, em 413 a.C., com 83 anos, era um dos dez conselheiros responsáveis por Atenas.*

> # "O HOMEM É A MEDIDA DE TODAS AS COISAS."
>
> *Protágoras (485? - 410? a.C.)*
> *Fragmentos*

➔ *Protágoras de Ardena era um dos grandes pensadores do quinto século antes de Cristo.*

➔ *Sua grande fama deve-se, a essa citação acima.*

➔ *Existem outros dois temas seus:*

• *De que o argumento pode modificar o julgamento.*

• *A existência dos deuses tais como eram concebidos.*

Seus livros foram queimados em Atenas porque seus opositores os consideravam perigosos, à boa ordem institucional.

> **"ANIMAL BÍPEDE SEM PLUMAS."**
> Platão (428 – 348? a.C.)

➔ Platão era de família aristocrática e abastada.

➔ Aos vinte anos conheceu Sócrates – mais velho que ele quarenta anos – e gozou por oito anos do ensinamento e da amizade do mestre.

➔ Viajou muito para sua época, conhecendo boa parte do mundo de então.

➔ Em 387 a.C. fundou sua célebre escola que, dos Jardins de Academo, onde surgiu, tomou o nome famoso de Academia.

➔ Morreu com oitenta anos de idade.

➔ E é o primeiro filósofo antigo que se acredita ter as seis obras completas.

14: Pois ele conhece nossa estrutura, lembra-se que somos pó.

****

15: Quanto ao homem, os seus dias são como a relva; como a flor do campo, assim ele floresce; pois, soprando nele o vento, desaparece; e não conhecerá daí em diante o seu lugar".

****

16: Passando por ela o vento, logo se vai, e o seu lugar não será mais conhecido.

Salmos 103 - Versículos 14, 15, 16.

3: Senhor, que é o homem, para que o conheças, e o filho do homem, para que o estimes?

****

4: O homem é semelhante à vaidade, os seus dias são como a sombra que passa.

Salmos 144 - Versículos 3 e 4

➜ *O povo de Israel superou na lírica todas os outros povos.*

➜ *Os Salmos foram compostos por diversos escritores, sendo David o autor da maior parte.*

➜ *Os Hebreus denominavam estes cantos* (THEHILLIN) *(hinos).*

Que mais tarde passaram a ser chamados de Salmos, por serem cantados ao som de um instrumento chamado (SALTÉRIO.)

➜ *São 150 hinos de comunicações entre o povo e o Altíssimo.*

➜ *Neles, o homem é descrito, mostrado, explicado.*

➜ *Considero sua leitura um exercício fantástico!!!*

> "Sou homem: não julgo alheio de mim nada do que é humano."
> *Terêncio (190? - 150 a.C.),*
> *O Carrasco de si Mesmo.*

➔ *Marco Terêncio Varron era filho de um rico comerciante.*

➔ *Sua experiência política era igual entre as massa populares.*

➔ *No ano de 216 a.C., Anibal e os cartagineses propunham-se a invadir Roma.*

➔ *Lucio Pablo Emilio e Terêncio chegaram ao ponto de batalha.*

➔ *Por discussões sobre como liderar, no dia 2 de agosto de 216 a. C., os romanos são derrotados pelos cartagineses.*

> Três coisas podem mostrar o que um homem é: sua taça quando transborda; sua bolsa quando está cheia, e a sua ira."
>
> **
>
> "*O homem foi criado no sexto dia. Por isso não deve sentir-se muito orgulhoso e enaltecido, pois o mosquito foi criado antes dele.*"
>
> Talmud

➔ O Rabino Adin Steinsaltz, sábio responsável pela tradução do Talmud ao hebraico moderno, ao inglês e ao russo, referiu-se à importância dessa obra com as seguintes palavras:

➔ *"Se a <u>Torá</u> é a pedra fundamental do judaísmo, o Talmud é seu pilar central, que se projeta para o alto baseando-se em seus fundamentos e que sustenta o magnífico conjunto de sua edificação espiritual e intelectual".*

"Mas homens são homens. E o melhor deles esquece-se, às vezes, de que é humano."

Shaskespeare (1564 - 1616), Otelo, Ato II

****

"Os homens deveriam ser aquilo que pareçam."

Ibidem, Ato III

"Sim, era no conjunto um verdadeiro homem; /Jamais encontrarei, jamais, o seu igual."

Idem, Hamlet, Ato I. Palavras de Hamlet a respeito do pai.

****

"Que é um homem, se dormir e alimentar-se, apenas/São o seu bem mais alto e o preço do seu tempo?/ Um animal, mais nada. Certo, o que nos fez? com o Dom do raciocínio, de tão largo alcance/que vê atrás e adiante, não nos presenteou/essa capacidade ou a razão divina/para mofar sem uso em nós."

Ibidem, Ato IV. Palavras de Hamlet

****

> "Um homem que tem língua, para mim não é homem,/se com sua língua não consegue conquistar uma mulher."
>
> Idem, Os dois Cavalheiros de Verona, Ato III. Palavras de Valentino
>
> **
>
> "Foi Deus que o fez; por isso, que passe por criatura humana."
>
> Idem, O mercador de Veneza, Ato, I. Palavras de Pórcia

➔ *Willian Shakespeare nasceu aos 23 de abril, em Strat-Fort-Avon, Inglaterra.*

➔ *Teve uma vida rica até os 12 anos. Nessa época ocorre a falência de seu pai.*

➔ *Casou-se aos 18 anos com uma rica dama chamada Anna Hathaway, oito anos mais velha, com quem teve filhos.*

➜ *Anos depois, vai só para Londres. Tem vários empregos:*

– Copiou peças!

– Representou algumas!

– Foi sócio do teatro!

➜ *Dono do teatro!*

➜ *Finalmente dramaturgo!*

➜ *Escreveu 37, outros dizem, 38 peças.*

➜ *São consideradas obras-primas.*

➜ *E um ator, que não representou Shakespeare, segundo os outros atores, "ainda não fez teatro".*

> "Relembrai vossa origem, vossa essência:/ criados não fostes como os animais,/ mas donos de vontade e consciência."
> Dante (1265 - 1321), Inferno, XXVI.

****

> "Não entendeis que nós somos mais/ que vermes vis, dos quais a ninfa cresce,/ por se elevar aos sumos tribunais?"
> Idem, Purgatório, X

****

> "Sede homens, sim, e não obtuso gado."
> Idem, Paraíso, V

➜ *Dante Alighieri nasceu em Florença, em 1265, de uma família de baixa nobreza.*

➜ *Sua mãe morreu quando era muito criança, e seu pai, quando tinha dezoito anos.*

➔ *Foi um maravilhoso escritor.*

➔ *Sua "Divina Comédia", escrita entre 1307 e 1321, é uma louca história narrada em versos, que descreve uma viagem pelo:*

- **INFERNO;**

- **PURGATÓRIO;**

- **PARAÍSO.**

➔ *Divide-se em 100 capítulos chamados cantos.*

➔ *Os primeiros 34 cantos correspondem ao* **inferno.**

➔ *Os 33 seguintes ao* **PURGATÓRIO**.

➔ *Os 33 cantos restantes correspondem ao* **PARAÍSO**.

➔*Dante foi poeta, governante de Florença, um homem justo e trabalhador, e morreu no exílio longe de sua Florença, por motivos políticos.*

➔*Juntei alguns exemplos deles falando, neles mesmos.*

➔ *Poderia seguir infinitamente.*

➔ *Porém, acho que este time já é suficiente.*

Não é tudo atual!?!?

Auto-retrato (1829) –

O que Jenny doou ao Louvre

Homossexual

➔ Oscar O'Flahertie Wills Wilde nasceu em Dublin, em 16 de outubro de 1854.

> SEU PAI, UM OCULISTA DE RENOME, MORREU EM 1876. ERA DADO A AVENTURAS AMOROSAS E TEVE SUA CARREIRA PREJUDICADA POR ESCÂNDALOS.
>
> SUA MÃE, JANE FRANCESCA ELGEE, DEFENDEU A CAUSA DA INDEPENDÊNCIA IRLANDESA, TRAZENDO PARA SEU CONVÍVIO UMA SÉRIE DE INTELECTUAIS DA ÉPOCA.

➔ O.W. saiu de Oxford em 1878. Um pouco antes havia ganho o prêmio Newdigate, com o poema "Ravena".

➔ Passou a morar em Londres e começou a ter uma vida social bastante agitada, sendo logo caracterizado por suas atitudes extravagantes.

→ Foi convidado para ir aos Estados Unidos a fim de dar uma série de palestras sobre o movimento estético por ele fundado. Foi o ano de 1882 e descreveu seu movimento procurando dar a ele fundamentos históricos, além de falar sobre a importância do belo como antídoto para os horrores da sociedade industrial.

→ Em 1883 vai para Paris e entra para o mundo literário local, levando-o a desistir de seu movimento estético.

→ Volta para a inglaterra e casa-se com Constance Llyd, filha de um advogado de Dublin, indo morar em Chelsea, um bairro de artistas londrinos. Com Constance teve dois filhos, Cyril, em 1885 e Vyvyan, em 1886.

> **O MELHOR PERÍODO INTELECTUAL DE OSCAR WILDE É O QUE VAI DE 1887 A 1895.**
>
> **FOI EM 1891 QUE SURGIU SUA OBRA MAIS FAMOSA, O RETRATO DE DORIAN GRAY.**

→ A situação financeira de Oscar Wilde começou a melhorar cada vez mais e, com ela, uma fama cada vez maior também. Junto com todo esse progresso, veio também uma vida cada vez mais mundana. Suas atitudes tornaram-se cada vez mais excêntricas. Passou a assumir sua homossexualidade, que era proibida por lei na Inglaterra.

→ Conhece um jovem, Lord Alfred Douglas, com quem passa a conviver estreitamente. O pai dele, Marquês de Queensberry, ofende-o através de um bilhete e Wilde entra com um processo de difamação contra ele.

Tinha certeza absoluta de que iria vencer o julgamento, **mas acaba sendo condenado por suas práticas homossexuais a dois anos de cárcere**. Sua situação social e econômica se deteriora. Seus livros desaparecem das livrarias e suas comédias saem de cartaz. Seus bens são leiloados para pagar os custos do processo e seus filhos são tirados de sua tutela.

→ Primeiro foi colocado no cárcere de Wansworth e depois no Cárcere de Reading, onde escreveu o belíssimo poema "A balada do Cárcere de Reading".

→ Foi libertado em 19 de maio de 1897. Poucos amigos o esperavam na saída; entre eles, o maior, Robert Ross.

→ Passou a morar em Paris e a usar o pseudônimo de Sebastian Melmoth. Suas roupas, agora, são baratas, mora em um lugar humilde, de apenas dois quartos e acaba se tornando preguiçoso para escrever.

→ Oscar Wilde morreu de um violento ataque de meningite (agravado pelo álcool e pela sífilis) às 9h50min do dia 30 de novembro de 1900.

1854 - 1900 → VIVEU 46 ANOS.

→ MAS VEJAM ABAIXO EM UMA RÁPIDA CRONOLOGIA:

→ O QUE REALIZOU!!

- 1874 – Ganha a medalha de ouro de Berkeley por seu trabalho, em grego, sobre os poetas helenos no Trinity College.

- 1876 – Ganha o prêmio em literatura grega e latina, no Magdalen College. Publica sua primeira poesia, versão de uma passagem de "As Nuvens de Aristófanes", intitulado "O Coro Das Virgens Das Nuvens".

- 1878 – Ganha o prêmio Newisgate, com seu poema "Ravenna", escrito em março deste ano.

- 1879 – Phèdre, sob o título "A Sra. Bernhardt", é publicado no The Word.

- 1880 – Escreve o drama "Vera", em cinco atos, ou "Os Niilistas", sobre o niilismo na Rússia.

- 1881 – Publica, em julho, a primeira edição de "Poemas", coligidos por David Bougue.

●1887 - 89 – Trabalha como editor da "The Woman's World".

●1888 – Publica "O Príncipe Feliz e Outras Histórias", contos de fadas.

●1889 – Publica "O Retrato do Sr. W.H", baseado no mistério criado em torno do protagonista e do autor dos "Sonetos de Shakespeare", sendo recebido de forma hostil pela crítica.

> ●1890 - A PRIMEIRA VERSÃO DE "O RETRATO DE DORIAN GRAY" É PUBLICADA.

●1891 – O ensaio "A Alma do Homem sob o Socialismo" é publicado. Publica a versão revisada de "O Retrato de Dorian Gray". Também publica "Intentions", 'Lord Arthu Savile's Crime and Other Stories", "A house of Pomegranates".

●1892 – Estréia "O Leque de Lady Windermere" com grande sucesso no sr. James Theatre, de Londres, Sarah Bernhardt ensaia, em Londres "Salomé", peça em um ato, escrita em francês, sobre a morte de São João Batista, cuja estréia, à última hora, é proibida por apresentar personagens bíblicos.

● 1893 – "Salomé" é bem recebida quando produzida em Paris e Berlim. "Uma Mulher sem Importância" é montada em Londres, também com êxito, e "O Leque de Lady Windermere" é publicado.

● 1894 – Edição de Salomé em Londres, com ilustrações do desenhista Audrey Bearsdley. Publica "Uma Mulher sem Importância".

●1895 – As peças "Um Marido Ideal" e "A Importância de Ser Prudente" são montadas em Londres com êxito total. Em 27 de maio deste ano Oscar Wilde é preso, primeiro na prisão de Pentoville, depois na de Wandsworth. Ainda em maio, o ensaio "A Alma do Homem" sob o Socialismo é publicado em livro. A 13 de novembro é transferido para a prisão de Reading, na cidade de mesmo nome, onde ficará até o final de sua sentença.

●1896 – "Salomé" é representada em Paris, tendo Sarah Bernhaardt no papel principal. Em 7 de julho o ex-sargento Charles T. Woolridge é executado na prisão de Reading, cuja morte inspira Oscar Wilde no seu maravilhoso poema "A Balada do Cárcere de Reading".

●1897 – Ainda na prisão, Oscar Wilde escreve De Profundis, uma longa carta a Lord Douglas.

Sai da prisão, e em 28 de maio aparece no Daily Chronicle, sua primeira carta sobre o regime penitenciário britânico, sob o título O Caso do Guarda Martin.

●Publica A Balada do Cárcere de Reading e escreve outra longa carta ao Daily Chronicle sobre as condições carcerárias.

●1899 – A Importância de Ser Prudente e Um Marido Ideal são publicados em livro.

●1900 – Sua morte.

→ Pobre!

→ Criticado!!

> → Vamos ver um pouco deste homem que disse:
>
> → "Sou o amor que não ousa dizer o nome".

→ Lord Alfred Douglas é visto como o homem que arruinou a vida de Oscar Wilde. Eles se conheceram, em 1891, e logo a beleza e os modos aristocráticos de Lord Alfred o atraíram. A partir daí são vistos freqüentemente juntos, inclusive durante as viagens de Wilde.

→ As relações entre Lord Alfred (ou Bosie, como era conhecido) com seu pai não eram nada amistosas. O marquês e a marquesa de Queensberry eram consideradas pessoas muito difíceis, terríveis mesmo.

> Em 28 de fevereiro de 1895, Wilde recebe um ofensivo cartão do marquês que dizia: "A Oscar Wilde, conhecido Sodomita".

➔ Incitado pelo próprio Lord Douglas, apresenta, então, queixa ao tribunal por injúria e calúnia contra o Marquês. Este é detido e levado a julgamento.

➔ Em virtude da influência social do Marquês, Wilde acha melhor retirar a queixa. Só que inúmeras provas foram apresentadas durante o julgamento, o que levou a Promotoria a requerer um segundo julgamento, <u>este sim, contra o próprio Oscar Wilde. Queixa: Crimes de natureza sexual.</u>

➔ A 6 de abril começa o primeiro dos processos contra Wilde, no Tribunal de Old Bailey.

➔ Em 11 de abril, Wilde é transferido da prisão de Bow Street para a de Holloway, como réu de crime inafiançável.

→ Reinicia-se o julgamento em 26 de abril.

→Em 3 de maio, na falta de uma decisão do júri, é concedida a liberdade sob fiança a Wilde. Seus amigos prepararam-lhe a fuga para a França; ele, porém, prefere entregar-se à fatalidade.

→Wilde volta a comparecer ao Tribunal a 7 de maio.

→ Em 20 de maio inicia-se a fase de revisão do processo. Cinco dias depois, Wilde é condenado à pena máxima: 2 anos de prisão com trabalhos forçados. Em 27 de maio Wilde é conduzido à prisão de Pentoville, de onde passa, dias depois, à de Wandsworth.

→ A 13 de novembro é transferido para a prisão de Reading, na cidade de mesmo nome, onde ficará até o fim da sentença.

→Oscar Wilde é solto em 1897 e reencontra-se com Lord Alfred Douglas. Tudo indica que as relações sexuais entre ambos não foram retomadas. Na realidade, antes da prisão estas relações não eram assim tão freqüentes. Passado algum tempo, a mãe de Bosie ameaça cortar a sua mesada se ele não abandonar Oscar Wilde. Bosie concorda, mas exige que sua mãe continue enviando dinheiro a Wilde.

> → Quando Oscar Wilde morre, em 30 de novembro de 1900, Lord Alfred parece sofrer muito. É ele, inclusive, que paga o seu funeral.

→ Depois que Lord Alfred abandona Oscar Wilde, ele renuncia à sua homossexualidade; converte-se ao catolicismo romano e casa-se. Porém, seu casamento fracassa o que não impede que haja entre ele e sua ex-mulher uma grande amizade.

→Eles chegaram a ter um filho que foi internado aos 24 anos em uma clínica por esquizofrenia.

> → Lord Douglas tenta obter sua custódia, mas esta lhe é negada em virtude de seu passado com Oscar Wilde.

→ No fim, Lord Alfred acaba como seu próprio pai, criticando não só a pessoa de Oscar Wilde, mas também sua obra.

→ <u>Entretanto, em memórias, escritas em 1938, "Without Apology"(Sem Desculpas), ele faz um balanço de sua vida escrevendo:</u>

> "O PENSAMENTO QUE SÓ RECENTEMENTE ME OCORREU É TERRÍVEL. SERÁ QUE MEU PAI REALMENTE ME AMOU TODO O TEMPO, DA MESMA FORMA COMO CERTAMENTE O AMEI ANTES QUE SE VOLTASSE CONTRA MIM, E ESTARIA ELE FAZENDO O QUE OSCAR DIZ NA SUA GRANDE BALADA, QUE TODOS OS HOMENS SEMPRE FAZEM, MATAR AQUILO QUE MAIS AMARAM? SERÁ QUE NÓS TRÊS, WILDE, MEU PAI E EU, NÃO FIZEMOS MAIS OU MENOS ISSO".

➜ Por que contar toda esta história?

➜ Para mostrar quanto os homens criticam e destroem outros homens por suas opções pessoais!!

➜ Só que esta discussão sobre a homossexualidade está aberta, no momento, em dois fronts de guerra de poder:

> • O "imperador americano" George "War" Bush X União Homossexual.!!!
>
> • O representante de Cristo na terra, João Paulo II X tudo o que seja homossexual.

➜ Eu não disse que o atual é sempre atual???

➜ Ainda hoje se...

➜ Prende e até!!!

➜ Matam por preferências sexuais.

O Apartamento do Conde de Mornay (1832)

Estudo para um quadro perdido durante a guerra de 1914 e exposto no Salão de 1833.

Meus Homens Inesquecíveis

➔ Estes homens que vou falar estão na galeria da minha memória, por muitos tipos diferentes de afetividade.

➔ Conheci estas pessoas, convivi com elas das mais distintas maneiras, foram meus professores de coisas importantes, e sua marca jamais será esquecida.

➔ Como meu número é 13, treze foram escolhidos:

O ALEMÃO

➔ O alemão, meu primeiro homem, fez de mim <u>mulher</u> com uma meiguice e gentileza sem iguais.

➔ Foi meu amante e camarada.

O PORTUGUÊS

➔ O português, a grande paixão, o grande amor, a grande loucura.

➔ Ensinou-me a aproveitar a vida!!

➔ Com ele passei os mais belos momentos da minha vida.

SEAN CONNERY

➔ Sean Connery, o protótipo de homem que eu gostaria de ter, principalmente agora na sua maturidade.

O FILHO DE CRIAÇÃO

➔ Alguém que viveu ao meu lado durante quase vinte anos e que mostrou-me coisas que ninguém poderia fazê-las com tanta violência.

➔ Mostrou-me nua e crua a cara feia do mundo.

JUAN JOSÉ LOPEZ YBOR

➔ Meu professor, o homem que foi meu pai científico.

➔ Alguém cuja bondade, gentileza e elegância com que me tratou jamais poderei sequer descrevê-las.

JOSÉ LUIS AYUSO GUTIERREZ

➔ Meu diretor de Tese, crítico, exigente.

➔ Sempre insatisfeito, por melhor que eu achasse minha pesquisa.

➔ Ensinou-me paciência e pertinácia.

O PAI DO ZÉ

➔ Deu-me o maior presente que um homem pode dar a uma mulher.

➔ O bendito fruto do meu ventre.

➔ A ele devo toda minha gratidão.

RUY JORNADA KREBS

→ Meu grande amigo científico, com ele convivi anos!

→ Da melhor qualidade intelectual de um par!

→ Se Deus fez cabeças complementares!

→ Eu diria que somos um continuum...

O PSEUDO-AMIGO

→No dia seguinte de ter recebido uma das piores notícias da minha vida.

→Ligou-me de manhã cedo, para dar-me sua solidariedade...

→ Adiantando que, infelizmente, não poderia me ajudar em nada.

O MELHOR ALUNO

→ Simples, gentil, nunca escrevemos trabalhos científicos juntos!

→ Foi meu aluno há 20 anos!

→ É um homem importantíssimo!

→ Não esquece uma data importante da professora!

→ E liga!!

O PIOR ALUNO

→ Pomposo, científico, educado, impecável.

→ Publicamos horrores de trabalhos científicos juntos.

→ Seu currículo está cheio com meu nome!

→ Atualmente, não <u>me conhece</u> por motivos "políticos".

RAY CONIFF e sua orquestra

→ Queria tê-lo ao meu lado, o tempo todo regendo.

→ "LA VIE EN ROSE".

→ "CONCERTO DE VARSÓVIA".

→ "AQUARELA DO BRASIL".

→ "AQUELLOS OJOS VERDES".

O PROFESSOR

→ Meu crítico, companheiro.

→ Há quase dez anos agüenta minha agenda...

→ Meu cansaço...

→ Minha teimosia...

→ E ainda depois de vivermos juntos este tempo todo!

→ Quer casar comigo!!

→ Devo a ele ter-me transformado em aluna da escola da vida!

Retrato de Chopin (1838)

Museu do Louvre, Paris.

Impotência x Viagra

➜ Até há aproximadamente 15 anos todo e qualquer homem que tivesse dificuldades de obter uma ereção suficiente para manter uma relação sexual tinha como diagnóstico,

➜ Ou seja, como explicação para suas dificuldades a teoria de que as mesmas não passavam de problemas emocionais, psicológicos.

➜ E suas escolhas, em termos de tratamento,

➜ Eram muito poucas, limitadas, na sua maioria, à busca de terapias com psicólogos ou psiquiatras.

➜ Quando não a curandeiros e medicamentos populares ineficientes.

→ Na atualidade, os progressos que a medicina fez nesta área abriram uma variedade de outras opções que vão desde medicamentos orais, injeções, cirurgias vasculares até cirurgias de implantes penianos.

> É preciso deixar claro que não nego, em momento algum, a interferência do fator psicológico ou emocional no desempenho sexual do homem e que as circunstâncias, a estrutura da personalidade e da vida em geral de um homem, o tipo de relacionamento que ele estabelece com sua parceira são e sempre serão fatores que favorecem ou impedem uma relação sexual gratificante.

→ A grande novidade, o progresso, está no fato de que meios diagnósticos foram pesquisados e desenvolvidos para avaliar o mecanismo de ereção e estão permitindo o acesso às chamadas causas orgânicas de impotência.

→ Segundo estatísticas, 25% dos homens padecem de dificuldades eréteis eventuais ou persistentes.

→ E um percentual que varia de 30 à 70% de acordo com a faixa etária investigada tem como causa de sua disfunção um distúrbio hormonal,

→ E/ou uma alteração neurológica que afeta a condução nervosa para a região genital,

→ E/ou problemas circulatórios generalizados ou localizados que dificultam as mudanças vasculares que provocam e mantêm a ereção.

→ Investigar as causas da impotência é uma função dos médicos que atuam na área, como Andrologistas, Urologistas e Sexólogos.

CAUSAS DA IMPOTÊNCIA

→ 1. PSICOLÓGICA;

→ 2. ORGÂNICA;

→ 3. MISTA;

→ 4. DE ORIGEM DESCONHECIDA.

IMPOTÊNCIA PSICOLÓGICA

➜ Quando da implantação do Plano Collor, que causou problemas de caixa em várias empresas, os consultórios dos médicos que trabalhavam na área, principalmente Urologistas, Andrologistas e Sexólogos.

➜ Receberam um número três vezes maior de executivos com queixas de disfunção sexual.

➜ Ou seja estes homens estavam, na época, enfrentando problemas tão sérios do ponto de vista profissional e financeiro que o estresse provocado e a adrenalina conseqüente impediam que a ereção acontecesse.

> ➜O interessante é que alguns desses executivos conseguiram entender a relação existente entre seu estresse e sua ereção. Assim sendo, voltaram suas atenções para a busca de saídas profissionais e financeiras que, quando encontradas mesmo que parcialmente, trouxeram a tranqüilidade necessária para o reestabelecimento de suas funções sexuais.

➔ Um outro grupo dessas pessoas infelizmente dirigiu-se a um caminho diferente: passou a duvidar de sua capacidade de ereção e adquiriu a partir daí a chamada Ansiedade de Desempenho, ou seja,

➔ A preocupação excessiva com a ereção e a cada vez que havia uma possibilidade de relação sexual, entravam em estado de ansiedade e descarga adrenérgica, pela insegurança, pela dúvida e pelo medo de que uma ereção não ocorresse e aí realmente ela não ocorria, completando o círculo vicioso.

➔ A Ansiedade de Desempenho é uma causa muito freqüente de dificuldades de ereção de fundo psicológico.

➔ A depressão, nas suas mais variadas formas, como as provocadas por perdas como ocorre nas situações de luto e separações, desemprego, falências e etc., causam diminuição da libido (interesse sexual) e, conseqüentemente, levam a um prazo variável de pessoa a pessoa à dificuldade no desempenho sexual.

IMPOTÊNCIA ORGÂNICA

A característica mais importante da Impotência Orgânica é seu início gradual que vai piorando lentamente, bem como a sua persistência. As formas mais freqüentes de Impotência Orgânica são:

→ Insuficiências hormonais;

→ Lesões de coluna;

→ Cirurgias pélvicas;

→ Esclerose múltipla;

→ Doença de Parkinson;

→ Alterações provocadas pela diabetes.

> **OBS: MUITO IMPORTANTE!!!**
>
> **Medicamentos e drogas:** O uso de drogas, álcool em excesso e cigarros causam danos ao sistema circulatório com conseqüentes danos à qualidade da ereção. Alguns medicamentos como os anti-hipertensivos, os medicamentos utilizados para o tratamento de úlceras do aparelho digestivo, digitais, tranqüilizantes, diuréticos e outros interferem, por vezes drasticamente, com o mecanismo de ereção.

VIAGRA

O Viagra facilita o processo de ereção. A pílula é uma alternativa de tratamento para homens com dificuldade de ereção provocada por problemas psicológicos ou orgânicos leves e moderados.

→ Uso o nome comercial porque a palavra virou substantivo comum!

→ Ou seja, qualquer coisa que melhore "o apresentar armas" masculino é chamado de Viagra.

→ Em homens muito estressados, no entanto, nem o Viagra pode funcionar. Isso porque a quantidade de adrenalina é tão grande que vence a guerra contra o time do GMPc mais a pílula.

→ Num estudo realizado pelo urologista paulista Sidney Glina, com 20 pacientes, apenas 60% dos homens que apresentam problemas psicológicos responderam bem à pílula.

→ É por isso que é preciso ter cuidado com as expectativas.

→ Não se pode querer que um comprimido resolva um bloqueio emocional.

→ Estou escrevendo este texto no dia 28/02/2004, são 23 horas.

→ Há poucos momentos entrei no meu provedor e estava a seguinte notícia:

→ Sábado 28/02, 21:53 h, laboratório desiste de pílula para libido feminina.

→ 8 anos, pesquisas, testes, 3 mil mulheres.

→ As mulheres são muito mais complicadas que os homens.

→ As pesquisas vão continuar com concentração na mente feminina.

→ Karen Kateu, presidente da Pfizer Global Pharmaceuticals, disse que o insucesso da companhia em relação ao Viagra feminino foi bem típico.

→ Fazemos investimentos nos melhores talentos, passamos anos estudando tratamentos.

...Descobrir que eles não têm os índices mínimos para serem aprovados.

- Viram??!!
- Cada vez mais a vida mostra:
- ELES: os homens!
- NÓS: as mulheres!
- Pertencemos à mesma espécie zoológica!
- Iguais, nunca!!
- Biologicamente falando, é claro!
- Devíamos usar a palavra:

    Semelhante, no lugar de igual...

- E, lá venho eu com outra minhoca!!!
- Sempre atual, não é verdade!!??!!!

O mar visto da altura do Dieppe (1854)

Coleção Beurdeley, Paris.

Heróis e Heroínas

→ Leio desde muito pequena, lembro de ir pedindo aos adultos o que significavam as letras na revista "O Cruzeiro", que era a revista que se tinha na época.

→ Segundo→ meu avô materno, depois falo nele, levou-me passear em Passo Fundo, era a "cidade grande".

→ Fomos passear na avenida, que eu fiquei sabendo que era uma rua comprida!

→ De repente, na minha frente e muito no alto, vi um prédio, hoje não existe mais, e eu li em bom e suave tom:
"Faculdade de Direito"!!!

→ Meu avô não acreditou, e saiu comigo lendo placas da avenida Brasil...

→ Segundo ele, eu tinha quatro anos...

→ Mas qual o motivo de contar isto para vocês?

→ É para dizer que leio há: 56 − 4 = 52 anos, e sempre!!

→ Aí vem as histórias dos heróis!

→ Relembrar alguns que me vêm pela cabeça:

- Hércules! O fortão!

- Moisés e as pragas do Egito!

- Rei Artur e a Távola Redonda!

- Parsifa e a busca do Graal!

- Tarzan e a África!

- Os heróis da Segunda Guerra Mundial!

→ Outros que vou lembrando...

→ Super Homem!

- Batman e o Robin!

- Homem Aranha e suas incríveis escaladas!

➔ E os de ficção científica, estes eram o máximo!!

➔ O grande e maravilhoso livro "Duna", escrito por Frank Herbert, lá pela década de 70, 80.

➔ O herói era: Paul Maudib, até hoje tem duas versões do filme em DVD, sei que uma é de Dino de Laurentis, um dos maiores cineastas de todos os tempos!

➔ A outra versão tem até <u>o Sting, o roqueiro,</u> interpretando um dos papéis.

➔ E Jornada nas Estrelas, e os capitães da Enterprise, <u>eu adorava o comandante Picard!</u> Aquela careca!!!

➔ E a Guerra nas Estrelas. Até agora com 56 anos estou esperando o sexto filme, lembram do Anakim Skywalker???

→ Os antigos gregos chamavam de heróis a um tipo particular:

→ Os heróis ou semideuses eram filhos de um Deus e de um mortal.

→ Embora sujeitos à morte, a ascendência divina tornava-os capazes de façanhas impossíveis para simples seres humanos.

→ Mas vocês perceberam uma coisa, falei de uma seqüência de homens, que não escolhi!

→ Eles vieram trazidos pelos livros, revistas em quadrinhos, cinema, televisão, etc.

→ Aí, a minha <u>famosa e eterna</u> curiosidade explodiu!

→ Fui correndo para o computador, o oráculo da atualidade, entrei na Internet, no meu *site* de buscas preferido, e digitei:

➔ HERÓIS = 58.585 páginas encontradas.

➔ HEROÍNAS = 8.572 páginas encontradas.

➔ Ou seja: 50.013 de diferença de páginas encontradas!

➔ Ou temos heroínas de menos!

➔ Ou heróis demais!

➔ Ou eles não deixam elas serem!

➔ Ou elas não conseguem tanto quanto eles!

➔ Esta é uma das minhocas, quando não conto ovelhas, lembram do livro do Sono??

➔ A pergunta fica pairando no ar...

➔ O que você acha disso???

Ressurreição de Lázaro (1850)

Museu de Belas Artes da Basiléia

Homem Atual???

Homem, comunicação e ideologia

O HOMEM ATUAL: MANIPULADO, INDEFESO E MACROURBANIZADO

➔ Não é fácil prever a transformação da vida humana que se está produzindo, pois fatores unidos a ela não inteiramente distintos, como a freqüência dos deslocamentos, desarraigo local subseqüente, etc.

➔ Estão determinando um novo tipo de indivíduo, bem distinto de todos os conhecidos na história e que interessa predizer e acaso orientar em alguma medida.

➔ Antes uma ação social qualquer era demorada, matizada, mudada pela reação do que a recebia, tinha que lutar para impor-se e, em cada caso, com forças distintas.

→ Até as mais violentas tentativas de manipulação tropeçam com a inércia social, com as resistências das formas de vida, com a alteração experimental ao passar de boca em boca.

→ Hoje a conseqüência é a facilidade com que o homem se encontra desamparado ante a informação e ante as situações complexas que não podem dominar, e que se apresentam reiteradamente.

→ As grandes tecnologias têm produzido sempre grandes alterações históricas e é óbvio, que jamais na história do mundo, como hoje, estão se produzindo a um ritmo cada vez mais veloz.

→ Desequilibrando a capacidade de transformação e assimilação do homem, provocando-lhe reações contrárias ante o que lhe dão os meios.

> →Igualmente é a facilidade de manipulação do homem de nosso tempo.

→Não só pelo lado das técnicas, mas, sobretudo, pela forma de vida que estas produzem.

➔ O efeito multiplica-se por si mesmo, a velha transmissão lenta, gradual e diversificada rebaixa automaticamente os impulsos iniciais.

> O HOMEM ATUAL ESTÁ INDEFESO. SUAS IDÉIAS E CRENÇAS DEBILITAM-SE; SÃO MUDANÇAS FORTALECIDAS PELA PROPAGANDA E FACILMENTE SUBSTITUÍDAS POR UMA NOVA ONDA DE PRESSÃO APOIADA PELOS RECURSOS TÉCNICOS.

➔ O impacto dos meios é enormemente forte.

➔ São fortes, porém,

➔ À custa de simulacros; à custa de nos fazer crer que vivemos no mesmo instante de um acontecimento.

➔ E, às vezes, não vivemos a realidade.

➔ Essa violência do efeito está contribuindo muito para a sensação que temos de estar vivendo uma crise.

➜ Esta sensação está muito influenciada pela abrumadora quantidade de mensagens desagregadoras e a impossibilidade pessoal de assimilar estas mensagens.

➜ O indivíduo sente-se especialmente comovido por aqueles acontecimentos que destacam o segredo e as tensões.

➜ Aquilo que maravilha ou surpreende: o inimaginável, o exótico, com o risco de que, com isto, destaquem-se mais os aspectos negativos que os positivos de uma atividade.

➜ É que tudo quanto incide sobre as faculdades intelectivas, sentimentais e volutivas do homem, sobre o ambiente que o rodeia, desperta um interesse.

➜ Pode-se chegar ao embotamento da sensibilidade, a indiferença e ao cansaço. E o indivíduo pode ser presa fácil da informação controlada, planificada para fazer dele o que queiram uns poucos ou que, sem que ninguém queira deliberadamente, guie-se da inércia da comunicação inesgotável, impessoal e anônima.

> A ESPONTANEIDADE ESTÁ DESAPARECENDO.
> NADA É FEITO PORQUE SIM, CAPRICHOSAMENTE,
> FORTUITAMENTE, POR IMPULSO ORIGINAL,
> POR AFICÇÃO, POR CONVICÇÃO INTERNA,
> POR INVENÇÃO GENIAL. QUASE TUDO ESTÁ
> PLANIFICADO, MANIPULADO.

➜ Imagine-se o que está sucedendo com o caráter privado da vida por causa das refinadíssimas técnicas de infiltração.

➜ Praticamente é impossível não ser espionado.

➜ Qual pode ser a reação a esta situação dificilmente reversível?

➜ A mais provável é a inibição, a paralização, a supressão da espontaneidade, a destruição da intimidade.

➜ A maior incidência constante com seu conteúdo encontra o indivíduo desguarnecido pelo grupo no qual vive de valores, de normas, etc., conseguindo grandes efeitos.

→ Cada vez mais estamos reduzindo nossa segurança devido às comunicações, a chegada da notícia, da informação. Esta série de repertórios, quem sabe com mais capacidade de mudança.

→ É muito provável que, dentro de algum tempo, o homem fanático não seja possível.

→ O perigo ocorre na mistura das mensagens, igualmente ao que foi feito com outras técnicas.

• hoje, com novos meios, isto pode ocorrer no que se relaciona ao mecanismo de superposição

• e de contraste, um monte de versões,

• pois o indivíduo recebe impactos que provocam nele reações muitas vezes contrárias às que se esperam

• pelo que se sente defraudado, enganado, manipulado ao brincar com sua afetividade,

- com sua libertação, um aparelho instrumental,

- às vezes, meretrício de amplificação <u>massificada, industrializada, comercialista,</u>

- em uma alarmante prostituição de suas significações próprias que o afastam cada vez mais de seu espírito último.

➔ Como defender a sociedade da ampliação que os meios de comunicação fazem?

➔ A Comissão Pontifícia para as Comunicações Sociais emitiu, sob o título *Papel das Comunicações Sociais e Incumbências da Família,* por ocasião da Jornada Mundial das Comunicações Sociais, celebrada em 18 de maio de 1980, o seguinte:

"A FAMÍLIA EXPERIMENTOU PROFUNDAS ALTERAÇÕES.

    Paralelamente, os mass-media têm aumentado consideravelmente sua difusão; a família, por sua parte, lhes tem aberto de par em par as portas de sua intimidade, até o ponto em que estes meios chegam a impor seus horários, modificam seus hábitos, alimentam amplamente as discussões e, sobretudo, afetam, às vezes profundamente, as psicologias dos usuários nos aspectos tanto afetivo e intelectual, como religiosos e morais.

    Tem, pois, a família o dever gravíssimo de examinar-se a si mesma e analisar atentamente o grau de exposição intelectual e afetivo ante estes meios, o que dizem os mesmos e mobilizar-se, a fim de que estes digam palavras verdadeiras e construtivas, me-

> *diante um eficaz diálogo com seus promotores. Incumbe, igualmente, também a salvação e criação de umas realidades, e que um uso indiscriminado e quantitativamente abusivo dos mass-media poderia impedir, por simples desajuste de uma vida comunitária.*
>
> *Os profissionais da comunicação social deverão refletir para dar-se conta de que sua obra realmente contribui para a consolidação e a harmonia, a promoção de desenvolvimento integral, para criar as condições sociais favoráveis para a prosperidade da família e facilitar a clara visão de sua identidade, sustentando-a no cumprimento de sua autêntica missão."*

➔ Defender os valores da pessoa é para onde encaminha-se uma comunicação objetiva, eticamente sã e não distorcida.

➡ Podemos dizer que os indivíduos vão esquecendo, à força de preocupações sociais, esta elementar verdade: a de que o indivíduo que afirma nestes – ou em outros campos – uma personalidade eminente, criadora, o alcança em luta contra seu meio, em luta contra a sociedade.

> ➡ O indivíduo de hoje encontra-se preso, no meio urbano, pelo ritmo que impõe sua carência de vida e, assim, luta com duas tendências:

• A primeira, que o empurra para o contato com seus semelhantes, para a vida social, para conviver buscando a expansão, a distração e inclusive o trabalho em equipe;

• Por outro lado, a tendência para isolar-se, para buscar a intimidade e inclusive a solidão adequada para a meditação e para o repouso; e tudo isto, no meio de viver atual, não existe.

→ O que ocorre é uma mescla enorme que se descansa por obrigação, ou nos inibimos também por obrigação.

> A PROBLEMÁTICA É A COORDENAÇÃO DAS DUAS TENDÊNCIAS:
> A DO ISOLAMENTO E A DA CONVIVÊNCIA.

→ O efeito produzido pelas comunicações no processo de urbanização é muito importante porque quase tudo o que transmite é cultura urbana e a mensagem que as pessoas recebem é uma mensagem urbana.

→ Isto produz uma tendência de emigração que tende a concentrar-nos em cidades, converte-nos em mais um motivo de aceleração do processo. O homem perdeu o sossego e a tranqüilidade.

> O HOMEM NESTE MOMENTO, ESTÁ DEIXANDO DE FAZER O IMPORTANTE PARA ATENDER O URGENTE.

➔ *Hoje em dias as mensagens que o homem recebe, especialmente pela televisão, são fortíssimas e tendem para uma unificação em um sistema de vida que, naturalmente, é um sistema de vida urbano, dado que a eleição das imagens, já que se realiza inconscientemente, com um critério que é precisamente o critério urbano das coisas, ou seja, as imagens recebidas estão podadas pelo lógico critério urbano dos demais.*

> ➔ Isto está procriando uma consciência massificada para o que esta aí, o que vemos a cada dia, acostumando-nos a sua presença massacrante, desintegrante, condicionando invariantes na conduta do homem, por meio da mensagem.

➔ Para pensar que a liberdade interior, que a decisão última todavia está à disposição do homem, falta crer na existência de uma liberdade radical, desta liberdade que é a única que pode fazer o indivíduo sair do mundo que lhe estão criando e não fazê-lo pagar, como sucede, o preço dessa cota de liberdade, que hoje é impossível de defender.

A SUBJETIVIDADE DO HOMEM E O ENCONTRO PESSOAL

➔ Os novos meios permitem conhecer subjetivamente os fatos? Permitem que os acontecimentos, o presente vá ser a história, seja verdadeiramente obra dos homens que estão recebendo a imensa maioria de seus dados através desses meios? Aqui o problema da subjetividade converte-se nada menos que no problema da liberdade.

➔Tudo isto fica afetado pelo meio, isto é, pelos aspectos estruturais da civilização e, neste caso, pelos aspectos estruturais das comunicações.

➔*Analogamente, os meios têm sua própria capacidade estrutural. Seus atributos negativos ou positivos; isto é, um meio tem suas características de transmissão, de informar, de uma ou outra maneira e com seu efeito, o que está fazendo é não dar tempo para a reflexão, inibindo um processo próprio do indivíduo.*

➜ Parece que existe um processo de identificação no qual são assumidos os modos de ser e comportar-se de um modelo, de uma maneira bastante rápida, com uma enorme estabilidade, sem reforços diretos de nenhuma resposta específica.

➜ O modelo é uma figura, um meio com o qual se tem intimidade, contatos e laços afetivos; isto nos conduz a colocar que se esta identificação é positiva, existe um clima prévio de segurança e uma consistência, que vai se desenvolvendo no homem não somente o sentimento inicial de segurança.

➜Senão um sentimento de simpatia.

➜ Mas se o for efeito negativo, a identificação não cabe e as reações são contrárias.

→ A consolidação dos sentimentos de segurança faz-se possível na medida em que se fazem compatíveis com um crescente sentimento de emancipação, de responsabilidade.

→ O exposto identifica-se claramente com o meio televisivo: as imagens contínuas em movimento tendem a inibir o processo de reflexão, no qual tem que se deter de alguma maneira, contrariamente ao que ocorre com o rádio, que permite audição com uma certa reflexão, com a leitura, etc. A televisão é mais absorvente; este tipo de meio produz certos efeitos sistemáticos na subjetividade do homem atual.

> O PROBLEMA ESTÁ NA DUALIDADE DE TÉCNICA: POR UM LADO, ELA PODE OFERECER A TODOS OS HOMENS A POSSIBILIDADE DE INCORPORAR-SE A UM NÍVEL DE VIDA MAIS DIGNO E LIVRE; POR OUTRO LADO, O RISCO DE ALIENAR A TODOS EM FORMAS DE VIDA DESARRAIGADAS E IMPESSOAIS.

→Faz falta ao homem menos busca cega do prestígio, porque se multiplicam as informações e os modelos. Maior exigência de coerência cognitiva porque o indivíduo necessita eliminar as dissonâncias cognitivas que vão surgindo entre suas crenças e entre suas idéias.

→Existem riscos como a despersonalização e a trivializaçao do encontro pessoal. A experiência da vida multiplica-se, porém pode fazer-se mais e mais impessoal. A informação cresce, porém sua superabundância, a impossibilidade de verificá-la, sua rapidez, dificultam sua assimilação pessoal e crítica.

→Os encontros pessoais e interpessoais efetuam-se com algumas expectativas concretas, as quais têm em conta as flutuações da conduta comunicativa recíproca, assim como suas respostas. Assim, pois, intercomunicação poderia ser concebida como um processo de controle e de regulação mútua. A fonte de uma mensagem é sempre uma parte de nossa compreensão da mesma.

→ Esta relação está enormemente alterada pelos efeitos das comunicações.

> O DISTANCIAMENTO DO HOMEM EM RELAÇÃO A SI MESMO ESTÁ JUSTAMENTE SENDO DETERIORADO POR ALGO QUE NOS APROXIMA AO QUE ESTÁ DISTANTE. EXISTE AQUI UMA GRAVE CONTRADIÇÃO ENTRE A APROXIMAÇÃO DO DISTANTE E O DISTANCIAMENTO DO PRÓXIMO.

HOMEM, CONDUTA E COMUNICAÇÃO

→ O processo essencial de toda comunicação humana consiste em atribuir um sentido ou significado ou uma mensagem a simples dados sensoriais e não se produz nunca entre pessoas, senão somente no seio delas.

➜ A comunicação tem lugar a serviço de alguma necessidade do sistema psicológico, seja com algum desejo ou com intenção comunicativa. Ressaltamos, aqui, que os processos de comunicação ajudam o organismo de uma destas duas formas: <u>como um meio de maneira</u> ou como <u>um meio para tentar influir em algum aspecto do referido mundo percebido, de alguma forma concreta.</u>

➜ Em função de que estamos determinados, por nossa capacidade e susceptibilidade, para assumir qualquer fato, organizamos e convertemos as experiências sensoriais de nosso contexto em unidades com sentido, isto é, para conseguir uma completa visão da comunicação.

A INCOMUNICAÇÃO

→ Se a comunicação constitui hoje um um grave problema para o homem imerso na sociedade, o que ante nós se apresenta com caráter de realidade é a incomunicação.

→ *Como é possível que, existindo em cada um a possibilidade de uma comunicação real, esta, não obstante, aborte em qualquer caso e iniba-se até deixar o homem relativamente isolado e só superficialmente comunicável?*

→Se existe o fracasso da comunicação com caráter e categoria de fato social, é óbvio que a análise da incomunicação só pode ser efetuada a partir da consideração sociológica.

→O homem de hoje está no umbral dos meios, isto é, ante o descobrimento de que nossa compreensão do fenômeno de comunicação e a existência de meios de comunicação inimagináveis há alguns anos correm paralelas.

➔ O problema da comunicação tem-se apresentado de forma peremptória, na medida em que se trata de uma necessidade não satisfeita ou, quando menos, não satisfeita a certos níveis de consciência de modo de relação interpessoal.

➔ *A comunicação existe; porém, o que se pergunta é "que" é o que se comunica e "quando" resta por comunicar, e que é o que há de comunicar. As perguntas não podem ter uma resposta imediata, precisamente pelo próprio efeito da habitual incomunicação em que se está.*

➔ O hábito da incomunicação tem feito possível o gradual empobrecimento do homem e suas relações interobjetivas, de forma que, de improviso, a comunicação já não serve para a satisfação da necessidade.

➔ Cabe aqui falar de dois níveis de incomunicação:

- o primeiro, aquele em que o comunicado não é valorizado e, portanto, a incomunicação tem um caráter quase instrumental;

- o segundo é aquele em que a emissão de uma mensagem ocorre paralela ao que se disse, que nos é dado "a fortiori" e que, por efetuar-se sincronicamente com a apreensão, conduz a não captação;

→ neste último caso, o processo é o conseqüente rechaço de parte ou de toda a informação, já que o fracasso provém da forma de utilização do instrumento, que não se põe a serviço da função, mas a serviço do sujeito do instrumento.

→ A incomunicação provoca o isolamento, a individualidade e o freio da viabilidade de obter algo que nos dão estes meios; esta intimidade que se nos pretende dar, não satisfaz um "quantum", o menos dessa necessidade de fazer algo ou coisa que está, ao menos, no plano de nossa percepção, posto que o dado bloqueia experiência íntima e só fica em pura experiência.

→ A comunicação não satisfeita planteia-se como necessidade para o indivíduo, aí onde adquiriu consciência de sua necessidade para a realização, isto é, para o desenvolvimento do comunicado, em sua realidade. A consciência da necessidade de comunicação surge, pois, através da consciência da alienação provocada.

→ Uma comunicação que se possibilita no sistema que é dado é precária, já que a comunicação que se tenta lograr rompe-se frente aos constantes embates do sistema de meios que impõe aos componentes receptores, provocando a crise da comunicação que se pretende obter.

→ Vocês viram que séria que escrevi quase todo esse capítulo??

→ É para dizer que tudo isso que falei aí é verdade, realidade <u>burra!</u>

➜ Que estamos construindo, não comunicando, que:

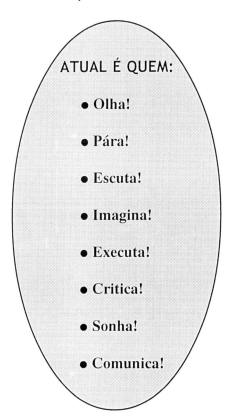

ATUAL É QUEM:
- **Olha!**
- **Pára!**
- **Escuta!**
- **Imagina!**
- **Executa!**
- **Critica!**
- **Sonha!**
- **Comunica!**

Luta de Jacó com o Anjo (1861)

Igreja de São Suplício, Paris.

Meus Comentários Não Finais...

Meu Avô, Meu Pai, Meu Filho

→ Se existe uma santíssima trindade, esta é a minha!!!

→ **Meu avô, José Hassan, sei que este deve ter sido um nome que arrumou quando desceu do navio no Rio de Janeiro...**

→ Que ano não sei, segundo ele, era sírio, e fazia sempre questão de frizar isso, apesar de que sempre vi chamarem-no de "velho árabe".

→ Era simpático, careca, bigodudo e querido!

→ Chamava-me de "Fatum", com uma entonação que até hoje ouço na melodia do tempo...

➔ Contava-me histórias de lindas princesas, xeiques do deserto, sultões com seus palácios...

➔ Deu-me de presente, no meu aniversário de 5 anos, quatro volumes de algo maravilhoso chamado: Mil e uma noites!!!

➔ Lembro na galeria da minha imaginação, o desfile maravilhoso de personagens...

➔ Ensinou-me a maior lição que já aprendi em minha vida:

"Quando a vida te atirar
uma pedra, não grita!
Não chora!
Não geme!
Dobra o lombo!
Pega a pedra!
Coloca em um saco!
E leva para construir a tua casa..."

➔ Esta alma inquieta!

➔ Esta cabeça nas nuvens e os pés no chão!

➔ Agradeço a ele!!

➔ Volto depois com ele no velho, velha...

****

➔ **Meu pai, Elyrio Deitos, olhos verdes, bigodão, com cabelo até morrer!!**

➔ Chamavam-no "o gringo"!

➔ Era falante, voz grossa!!

➔ Quando jovem, gostava de cigarros Belmonte, jogo de poker e cerveja Brahma!

➔ Era apaixonado total e irresistivelmente pela Nazira, minha mãe, que vocês conhecem...

➔ Olhavam televisão de mãos dadas e ele adorava dar-lhe rosas vermelhas e o café da manhã!!

➔ Sempre foi firme comigo, dizia que eu era a mais velha e tinha responsabilidades com minha mãe, que era doente, e minha irmã pequena.

➔ Quando fui embora para a Europa, sozinha em 1974, levou-me para o ônibus que iria para São Paulo (naquele tempo, moça não ia sozinha nem para Porto Alegre). E só disse isto, na hora da partida:

➔ Confio em ti!

➔ Foi um avô realizado com meu filho Zé!!!

➔ Morreu de uma maneira tola, que não combinava com seu espírito!

➔ Fez uma cirurgia de próstata, perdeu eletrólitos, o especialista esqueceu de colocar potássio no soro!

➔ Morreu de parada cardíaca no dia 18 de dezembro de 1988.

➔ 12 dias depois de vir morar na casa que eu construíra para nós!!

➔ Véspera de meu aniversário!!

➔ Enterrei-o no dia 19 de dezembro!

➜ Assim que, hoje em dia, meu aniversário e a morte do meu pai são no mesmo dia do ano!

****

➜ **Meu filho, João José Deitos de Souza, querido, desejado e planejado por mim!!**

➜ Tornou-me geradora de vida!

➜ Criou-me o papel mais responsável e complicado de minha vida: o de ser mãe.

➜ Através dele e de seus descendentes andaremos muito por estas terras e planetas de Deus.

➜ Ontem à noite, hoje é 03 de março de 2004,

➜ Ele, eu, sua linda amada e dona Odete, que vocês vão conhecer, mexericamos em meus armários antigos, do tempo que se usava vestidos de gala, estolas de pele, plumas, brilhos, tanta coisa que usei em minha juventude...

→ E a sua jovem amada <u>encantou-se</u> com um casaco de noite, e uma maleta de maquiagem, dei-os a ela. Ela ficou preocupada em <u>como</u>? Quando? Onde? Vai usá-los....

• Isto lembra-me

→ O nome do grande filme que deu o estrelato a Rock Hudson (lembram-se dele???)

→Chama-se:

… ASSIM CAMINHA A HUMANIDADE…

VEM VINDO....

VOCÊ CONHECE SEU CORPO?!?!

CURRÍCULO
PROF. DRA. FÁTIMA DEITOS

1. Médica – Universidade Federal de Santa Maria, 1973.
2. Professora Titular de Neuropsiquiatria da Universidade Federal de Santa Maria, 1974-2001.
3. Mestrado em Psiquiatria.
4. Doutorado em Psiquiatria.
5. Pós-Doutorado em Psicofarmacologia, Universidade Complutense de Madrid.
6. Presidente da Sociedade Internacional de Estudos da Criança, Gestão 96-98.
7. Membro Expert da Sociedade Íbero-Americana de Informação Científica - www.siicsalud.com
8. ***Prêmios recebidos por trabalho comunitário, criatividade e interiorização em saúde mental:***
   ⇨ *Podhium Pesquisa;*

⇨ *Destaque RS – Mulher;*
⇨ *Qualidade Símbolo;*
⇨ *Estrela do Mar;*
⇨ *Guarita;*
⇨ *Master.*

9. Autora e Coordenadora de livros como:
   a) *Mito de Orfeu – Distúrbios da Comunicação*, 1995.
   b) *Mito de Tespis – Psicologia da Criança*, 1995.
   c) *Mito de Ulisses – Stresse, Câncer & Imunidade*, 1997.
   d) *Mito de Zéfiro e Flora – Diálogo Corporal*, 1997.
   e) *Mito de Cérbero – Esquizofrenia*, 1998.
   f) *Mito de Thelksis – Distúrbios do Sono*, 1999, etc.

10. Participação em livros:
    a) Temas de Medicina do Sono, de Rubens Reimão, 2000.
    b) Ética, Moral e Deontologia Médicas, de Andy Petroianu, 2000, etc.

11. Proprietária e Orientadora Científica do Laboratório de Eletroneurofisiologia.

Impressão e Acabamento
na Gráfica Imprensa da Fé